RESPUESTAS CATOLICAS A PREGUNTAS FUNDAMENTALISTAS

Philip St. Romain

LIGUORI
PUBLICATIONS

One Liguori Drive
Liguori, Missouri 63057
(314) 464-2500

Imprimi Potest:
Esteban Palmer, C.SS.R.
Provincial de la provincia de San Luis
Padres Redentoristas

Imprimatur:
+ Eduardo J. O'Donnell, V.G.
Vicario general de la Archidiócesis de San Luis

Impreso en los Estados Unidos

Se agradece el permiso para usar las citas bíblicas tomadas de la *Nueva Biblia Latinoamericana,* publicada por Ediciones Paulinas en Madrid, España. Las citas de los documentos fueron tomadas de los *Documentos del Vaticano II,* edición de bolsillo, publicada por la Biblioteca de Autores Cristianos de la Editorial Católica, S.A.

También se agradece el permiso para usar citas de: *Justification by Faith,* © 1983 por Lutheran World Ministries y el Bishops Committee on Ecumenical and Interreligious Affairs; *Compartiendo La Luz de La Fe,* el Directorio Catequético Nacional para los Católicos de los Estados Unidos, © 1979, por la Conferencia Católica de los Estados Unidos, Departamento de Educación, Washington, D.C.; y *Misal de la comunidad,* © 1973 por Artes Gráficas, Madrid, España. Todos los derechos reservados. Se ha obtenido la autorización correspondiente.

INDICE

A HERMAN SENSAT

quien dirigió mi mente hacia Cristo cuando yo me desviaba del buen camino, y entonces me ayudó a apreciar las riquezas del catolicismo como la manera de vivir y crecer. El es un verdadero amigo y un hermano espiritual.

RECONOCIMIENTOS

En cuanto comencé este trabajo me empezó a llegar ayuda de los lugares más inesperados. Los miembros de la congregación de Jimmy Swaggart contestaron un anuncio que yo había puesto en el periódico y me mandaron una variedad de material anti-católico escrito por el hermano Swaggart y otros autores que escribían para "Missions to Catholics International, Inc." Yo quiero darles las gracias a estos donantes anónimos por ese material que me ayudó a formular muchas de las preguntas en este libro.

Los miembros del equipo editorial de Liguori Publications también, muy generosamente, me mandaron literatura y sugerencias. El padre James Higgins, el padre Patrick Kaler, el padre Christopher Farrell y Roger Marchand me ayudaron a identificar áreas claves que se merecen una respuesta católica. Y gracias a Olimpia Díaz por la traducción al español.

Por último, quiero darle las gracias a Lisa, mi esposa, por su ánimo, apoyo y diálogo durante los meses que me tomó este trabajo. Su ayuda editorial fue muy provechosa.

INTRODUCCION

Ustedes los ven en la televisión; los oyen en la radio; vienen a tocar a las puertas de sus casas; quizás hasta viven y trabajan con ellos: los cristianos a los cuales llamamos Fundamentalistas Bíblicos son una fuerza muy poderosa en el mundo de hoy. Hoy día ellos son el grupo de cristianos que más rápido aumenta en los Estados Unidos en cuanto al número de sus miembros. Muchas personas que antes eran católicas se han unido a sus comunidades.

¿Pero quiénes son estas personas? ¿Por qué es que tantas de ellas critican las creencias y prácticas básicas del catolicismo? ¿Y cómo es que un católico comprometido a su fe puede responder a estas críticas? Estos son algunos de los puntos que trataremos en este libro.

Una historia de las creencias

La mayoría de los fundamentalistas creen que su religión representa un verdadero renacimiento de la fe de la Iglesia primitiva. Sin embargo, esto no es verdad. Podemos descubrir los comienzos del Fundamentalismo Bíblico al principio del siglo 20, cuando los protestantes liberales y conservadores se dividieron por causa de varios puntos básicos. Los conservadores creían que la Biblia debía ser interpretada literalmente — que, por ejemplo, la historia de la creación en Génesis es un recuento de como Dios creó el mundo en seis días. Ellos también hacen hincapié en un modo individual de ver la salvación y mantenían que se necesitaría la Segunda Venida de Cristo para que la historia volviera a su camino adecuado. Los liberales, por el otro lado, favorecían una interpretación de las Escrituras de acuerdo a su contexto — que uno debía considerar la cultura y la literatura cuando interpreta la Biblia. Por lo tanto, los liberales estaban más abiertos a aceptar ideas científicas como la teoría de la evolución porque, de acuerdo a ellos, la historia de la creación en Génesis no debe interpretarse literalmente. Además, los liberales creían que nosotros deberíamos hacer todo lo posible para cambiar las condiciones sociales que oprimen a las personas y aumentan el egoísmo. A menudo ellos eran llamados los predicadores del "evangelio social", lo cual es infortunado porque ellos también afirmaban la importancia de la santidad individual. Otro nombre que se les daba a los liberales era "modernistas".

Entre los años 1909 y 1915, los letrados protestantes conservadores del Moody Biblical Institute publicaron una serie de panfletos, *The Fundamentals: A testimony to the Truth.* Con el tiempo, el nombre "Fundamentalista" se usó cuando se hablaba de los evangélicos protestantes conservadores cuyas creencias eran más o menos similares a las que contenían *The Fundamentals.* Se hacía hincapié en cinco doctrinas básicas:

1. **La infalibilidad literal de la Biblia.** En otras palabras, ellos creían que la Biblia es primordialmente un docu-

mento Divino y que las palabras de la Escritura pueden tomarse como absolutismo o pueden tomarse por su valor nominal. Los católicos también consideran la Escritura como la Palabra de Dios, pero nosotros creemos que el factor humano tiene que considerarse cuando se interpreta la Escritura. Además, nosotros creemos que la autoridad docente de la Iglesia es la intérprete legítima de la Escritura. Más acerca de esto en el libro. . . .

2. **La concepción virginal de Jesús.** Los católicos creen esto también. Pero además, y contradiciendo la enseñanza católica, los fundamentalistas creen que María tuvo más hijos además de Jesús. Nosotros examinaremos este punto más adelante.

3. **La resurrección física de Jesús.** Nosotros los católicos también creemos en la resurrección corporal, así que estamos de acuerdo en cuanto a este punto.

4. **La expiación por substitución de Cristo.** En otras palabras, ellos creen que Jesús murió por nuestros pecados, abriendo las "puertas del cielo" a los creyentes. Los católicos creen esto también, pero nosotros no nos atenemos a la misma perspectiva limitada de la salvación que tienen los fundamentalistas. Ellos creen que sólo los cristianos que han vuelto a nacer van a ser salvados. Nosotros le dedicaremos el capítulo 3 en su totalidad a las preguntas relacionadas con la salvación y la vida venidera.

5. **La Segunda Venida de Cristo, inminente y física.** Ellos creen que Jesús va a venir pronto y que nosotros veremos su venida con nuestros propios ojos. La enseñanza católica relacionada con los últimos días se tratará en el capítulo 6.

Además, yo añadiría que muchos fundamentalistas son personas que buscan conversos intensamente; ellos quieren que todo el mundo crea lo mismo que ellos, y ellos tratan por todos los medios de ayudar a que las personas se "salven". Ellos también parecen tener una perspectiva muy negativa de la Iglesia católica, del protestantismo liberal, de la ciencia y, por supuesto, de cualquier filosofía que choca con su perspectiva. Este espíritu negativo — de estar en contra de algo — ha sido parte de los fundamentalistas desde el principio, cuando ellos se enfrentaron a los protestantes liberales en los panfletos *The Fundamentals*.

La división entre los fundamentalistas y los liberales terminó después del juicio Scopes en la década de los años 1920, el cual estaba relacionado con la enseñanza acerca de la evolución en las escuelas públicas. La opinión pública después del juicio Scopes favorecía a los evolucionistas, poniendo a los liberales en el centro del protestantismo americano hasta hace poco. Los fundamentalistas se retiraron muy amargados, continuando sus cruzadas y formando su propia organización por separado, el Consejo Americano de Iglesias Cristianas. Los protestantes evangelistas moderados formaron la Asociación Evangélica Nacional, la cual se conoce mucho por su revista, *Christianity Today*.

Así que vemos que el Fundamentalismo no era la religión de San Pablo. Su origen se detecta a principios del siglo 20 como una reacción al protestantismo liberal. Los fundamentalistas no le prestan atención a la larga historia de la Iglesia católica de discernir el significado de las Escrituras al hacer hincapié en su propia interpretación. Ellos no le prestan ninguna atención al conocimiento de las Escrituras y no aprecian el papel que desempeña la autoridad católica docente como una fuente de unidad cristiana. Por lo tanto, uno puede encontrar entre los mismos fundamentalistas desacuerdos significativos relacionados con el bautismo, la salvación y la importancia de las buenas obras. Sin embargo, hoy día el fundamentalismo bíblico es una fuerza poderosa en el cristianismo principalmente porque muchos predicadores fundamentalistas muy elocuentes han sido muy ingeniosos en cuanto al uso de la televisión y la radio para difundir sus puntos de vista.

Como un comentario final, tenemos que reconocer el hecho que los fundamentalistas son cristianos. Aunque algunos autores han considerado a los testigos de Jehová como fundamentalistas, yo no estoy de acuerdo con esto. Aunque los testigos de Jehová y otros grupos de culto consideran las Escrituras como algo legalista, no está bien el incluir a estos grupos no cristianos con los fundamentalistas. El panfleto *The Fundamentals* claramente confirma la creencia en la Trinidad, lo cual los testigos de Jehová niegan. Por lo tanto, uno comete una injusticia en contra de los fundamentalistas y en contra de los testigos de Jehová al considerarlos como iguales.

Acerca de este libro

Este libro fue escrito para el gran número de católicos que constantemente tratan de explicarles nuestra fe a los fundamentalistas. También espero que este libro ayude a los fundamentalistas a aprender más acerca de la Iglesia católica. Lo que yo he tratado de hacer es hacer y contestar muchas de las preguntas acerca de la Iglesia católica que los fundamentalistas hacen hoy día. De cierta manera, este libro es una defensa de lo razonables que son las creencias y las prácticas católicas y espero que no haya estado a la defensiva ni haya sido negativo u orgulloso. El mantener este espíritu de investigación de la verdad no ha sido cosa fácil porque recuerdo muchas discusiones y griterías que hubieron mientras investigaba el material y escribía el libro. De hecho, la verdad casi nunca se beneficia con este alboroto y yo espero haber evitado esto para los lectores.

Por último, quiero reconocer la belleza que existe en los muchos fundamentalistas que sirven a Dios de palabra *y en acción*. Probablemente muchos de ellos nunca han pensado en lo que en un final sus creencias implican, pero esto no afecta la cualidad real de su amor y optimismo. Yo he aprendido mucho de todas estas personas, hasta de las más compulsivas, que me ha ayudado a ser un mejor cristiano. ¡Ojalá que todos los católicos conocieran la Biblia y amaran al Señor tan profundamente como muchas de estas personas! Es mi esperanza que el amor que ambos sentimos por Dios y nuestra búsqueda de la verdad nos unirá más en un futuro cercano.

Philip St. Romain

1
LA SAGRADA ESCRITURA Y LA TRADICION

P. ¿Por qué es que tantas creencias y prácticas católicas tienen tan poca base, si es que tienen alguna, en las Escrituras?

Esta pregunta llega a la raíz de la mayoría de los puntos discutidos por los fundamentalistas. Los grupos cristianos que se basan exclusivamente en las palabras de las Escrituras siempre han criticado las creencias y las prácticas católicas que no se mencionan directamente en la Biblia. Algunos fundamentalistas hasta relegan las cuestiones que no se encuentran en las Escrituras a un plano pagano y no cristiano y hasta a un plano anti-cristiano.

Los católicos no tienen ningún problema al aceptar la validez de ciertas creencias y prácticas que no se encuentran en las Escrituras. Ninguna de las creencias que se aceptan van en contra de las Escrituras y esto lo veremos en este libro. Los católicos no creen que el cristianismo es sólo una "religión de libro" sino una relación única entre Dios y los humanos que siguen a su Hijo, Jesucristo. El cristianismo es la historia de la Iglesia y es sólo en este contexto que la Biblia se puede apreciar debidamente.

La historia de la Iglesia se expresa de una manera esencial y definitiva en las Escrituras, pero los católicos también reconocen la sagrada Tradición como una fuente auténtica para entender el cristianismo. La mayoría de las creencias y prácticas católicas que los fundamentalistas critican están arraigadas en la sagrada Tradición. Muchas de estas creencias y prácticas se expresan directamente en las Escrituras.

P. ¿Cuál es el significado de la sagrada Tradición?

A gran parte del Nuevo Testamento se le podría llamar tradición de la Iglesia primitiva que se ha escrito. San Pablo hace hincapié en la importancia de las tradiciones de la Iglesia: "Por eso, hermanos, manténganse firmes y *guarden fielmente las tradiciones* que les enseñamos de palabra o por carta". (2 Tesalonicenses 2,15)

La sagrada Tradición es el proceso que "recibe la palabra de Dios, encomendada por Cristo y el Espíritu Santo a los Apóstoles, y la transmite íntegra a los sucesores . . . ". (*Vaticano II Documentos,* Constitución Dogmática sobre la Divina Revelación, 9) El concepto de la sagrada Tradición contiene tanto el proceso de *transmisión* como sus *resultados* (las diferentes maneras como la Palabra de Dios se transmite). Ejemplos de los modos básicos de la Tradición son la Biblia (vista como un instrumento tangible usado en la transmisión de la Palabra de Dios), el credo de los Apóstoles y los métodos básicos del culto cristiano. (A veces, las prácticas que no se basan en la sagrada Tradición son llamadas "tradiciones", palabra escrita con "t" minúscula para distinguirla de la Tradición básica con "T" mayúscula.)

Algunos resultados de la sagrada Tradición son evoluciones reflejadas en las Escrituras; por ejemplo, la doctrina de la infalibilidad del papa se alude en las Escrituras — vean Lucas 22,32 — y más tarde se convirtió en el rol principal del Obispo de Roma.

La sagrada Tradición también incluye creencias y prácticas importantes no mencionadas en las Escrituras; por ejemplo, la creencia católica que María fue asunta al cielo es una Tradición que no se encuentra en las Escrituras.

P. ¿Entonces los católicos no son verdaderamente cristianos bíblicos?

La fe católica es una fe viviente que traza su historia a la época de los apóstoles, a su testimonio y a las comunidades que ellos formaron. Los católicos reconocen que la Biblia es la expresión escrita auténtica de la fe de la Iglesia primitiva. Nosotros también creemos que el Espíritu Santo guía a la Iglesia para que interprete la revelación bíblica sin equivocarse. Por lo tanto, nosotros consideramos las Escrituras *en su totalidad* pero también consideramos la rica Tradición de la Iglesia, incluyendo sus enseñanzas, cuando buscamos el significado de las Escrituras. Nosotros somos cristianos bíblicos en el sentido que veneramos las Escrituras como inspiradas por Dios. Pero no consideramos las Escrituras como un documento que está desligado de la Iglesia. Nosotros tratamos las Escrituras como un regalo de Dios *a* la Iglesia — un regalo que encuentra su hogar *dentro* de la Iglesia — porque creemos que Cristo vino principalmente para formar una comunidad de creyentes, no principalmente para escribir un libro sagrado que deriva su significado aparte de la comunidad de fe.

P. Sabemos que la Biblia es la Palabra de Dios. ¿Por qué debemos creer que la sagrada Tradición es importante? ¡Al contrario, la Biblia nos advierte que no pongamos las tradiciones humanas por encima de la Palabra de Dios!

La sagrada Tradición no puede ser considerada sólo como una "tradición humana" porque tiene su origen en la Palabra de Dios y la respuesta de fe de las mismas comunidades que nos dieron la Biblia — la incontestable Palabra de Dios. Es la misma Iglesia que declara solemnemente que la Tradición y las Escrituras "ambas se han de recibir y respetar con el mismo espíritu de devoción" por los católicos. (Revelación, 9) La Iglesia es la comunidad de fe que le dio vida a las Escrituras del Nuevo Testamento y que afirma la autenticidad de ambos el Antiguo y el Nuevo Testamento. Por lo tanto, la Iglesia tiene toda la razón cuando afirma la importancia de la sagrada Tradición como una fuente de creencias y prácticas.

P. ¿No tiene la Biblia su propia autoridad?

Como obras inspiradas por el Espíritu Santo, los escritos del Nuevo Testamento definitivamente reclaman una autoridad propia. Por eso es que se leyeron y circularon en la Iglesia primitiva al igual que las Escrituras del Antiguo Testamento. El asunto crítico es el discernimiento autorizado y la enseñanza. Desde los principios de la Iglesia las decisiones de los apóstoles han sido consideradas autorizadas. Las tradiciones escritas y orales que los apóstoles rechazaron fueron consideradas no inspiradas y hasta opuestas a la verdad. Del mismo modo, los apóstoles reconocieron la validez de las verdades proclamadas en las Escrituras del Nuevo Testamento y son directa o indirectamente responsables de estos escritos.

P. Pero los apóstoles han muerto y, además, muchas creencias y prácticas católicas surgieron después de la época de los apóstoles. ¿Cómo pueden estas últimas tradiciones ser consideradas sagradas?

Es fácil considerar la Tradición como sagrada cuando la veneramos como la manera que la Iglesia transmite la "palabra de Dios que se le confió a los apóstoles". El hecho que algunas porciones de la Tradición surgieron más tarde no las hace menos sagradas porque toda esta "Tradición apostólica va creciendo en la Iglesia *con la ayuda del Espíritu Santo*" (Revelación, 8); el poder del Espíritu y de la Palabra de Dios no disminuyen con el pasar del tiempo. Ciertamente, los católicos creen que la sagrada Tradición hacen la Palabra de Dios y el poder del Espíritu más evidentes con el pasar del tiempo, porque "crece la comprensión de las palabras e instituciones transmitidas ... a través de los siglos hacia la plenitud de la verdad, hasta que se cumplan en ella plenamente las palabras de Dios." (Revelación, 8)

Esto no quiere decir que cada costumbre o creencia piadosa que ha surgido en la Iglesia es la transmisión de la Palabra de Dios. De hecho, han habido cosas que han oscurecido la Palabra de Dios. Pero, gracias a la *dirección constante del Espíritu Santo,* esas cosas nunca han merecido la aprobación oficial de la autoridad de la Iglesia que enseña y los elementos no son parte de la verdadera Tradición sagrada.

P. ¿Pero esa gran confianza en la Tradición no cambia la Palabra de Dios, haciéndola menos efectiva y menos poderosa?

Cuando verdaderamente entendemos lo que es la tradición — la transmisión de la Palabra de Dios a cada generación — vemos que la Palabra de Dios pudiera perder su poder *sin* la Tradición. Por ejemplo, la predicación es un elemento indispensable de la Tradición. La predicación es el Evangelio transmitido de boca en boca. Como nos dice San Pablo en Romanos capítulo 10, la fe viene al escuchar y el escuchar nace de la predicación. Por lo tanto la fe en la Palabra de Dios definitivamente viene del proceso de la Tradición.

La mayor parte de la crítica que los fundamentalistas tienen en contra de la Tradición tiene que ver con los *resultados* del proceso de la Tradición, resultados no mencionados directamente en las Escrituras. Estos son elementos — creencias y prácticas — que casi no se mencionan o no se mencionan nunca en las Escrituras pero que no están en contra de las Escrituras. En la categoría de las creencias, tres de los elementos más criticados son la Inmaculada Concepción, la Asunción de María al cielo y la infalibilidad del papa. Entre las prácticas relacionadas con la Tradición, las que siguen son criticadas: la Misa en su forma desarrollada, el celibato de los sacerdotes, el sacerdocio sólo para hombres, los siete sacramentos en su desarrollo total actual y la devoción a los santos. La adopción gradual de estas prácticas como creencias y prácticas de la Iglesia no indicaron un menosprecio de la Palabra de Dios. Cada una de ellas, a su manera, es una ayuda en la transmisión de esa Palabra. Ninguna creencia o práctica está justificada sin estar relacionada con las realidades recíprocas que conocemos como la Iglesia, las Escrituras y la Tradición. Cuando nos referimos a la Palabra de Dios y la revelación divina, el guía definido para los católicos son las Escrituras.

P. Pero de seguro que las doctrinas católicas han cambiado con los años. ¿No significa esto que el entendimiento católico de la revelación ha cambiado con el tiempo?

La cultura ha cambiado mucho en los casi 2,000 años durante los cuales el cristianismo se ha transmitido. La tarea sagrada de predicar el Evangelio a cada generación ha requerido que expliquemos de nuevo detalladamente el contenido inmutable de la revelación en los pensamientos, formas e idiomas cambiables de todas las personas en cada época y cultura. En este proceso de predicar y de explicar de nuevo el Evangelio, los concilios ecuménicos han tenido un rol crucial. (Un concilio ecuménico es una reunión oficial de los obispos del mundo en unión con el papa, para tomar decisiones relacionadas con cuestiones de fe, moral, culto y disciplina.) En los primeros siglos, cuando tuvieron lugar grandes controversias doctrinales, los concilios ecuménicos se celebraron en centros históricos como Nicea, Constantinopla, Efeso y Caldea. Los últimos dos concilios ecuménicos — el Vaticano I en el siglo diecinueve y el Vaticano II en el siglo veinte — ambos se celebraron en Roma, el lugar histórico donde San Pedro y San Pablo fueron mártires por la fe. El último concilio ecuménico, Vaticano II, hizo lo que la Iglesia que enseña siempre ha hecho: explicó detalladamente el contenido inmutable de la revelación, traduciéndolo a los pensamientos de las personas en las culturas de hoy. La Revelación no ha cambiado, pero nuestra comprensión de esa Revelación sí ha cambiado: se ha hecho más profunda. Bajo la dirección del Espíritu Santo, "crece la comprensión de las palabras e instituciones transmitidas". (Revelación, 8)

P. Si la Iglesia católica considera las Escrituras como su guía, ¿por qué es que la Iglesia católica no anima a los católicos a leer la Bibla?

En ciertas épocas y lugares — después de la Reforma en el siglo dieciseis — a los católicos no los animaron a leer la Biblia. (Antes de esa época, Gutenberg no había inventado la imprenta y no había muchas Biblias. Además, la mayoría de las personas no sabían leer.) Después de la Reforma, muchos obispos y clérigos católicos tuvieron miedo de que si su gente sin educación leía la Biblia en privado, entonces la malinterpretaría y confundiría su significado para "su propia destrucción". (2 Pedro 3,16) Al mismo tiempo que muchos católicos sintieron una desconfianza por ese libro "protestante", la Biblia, algunos protestantes sintieron una desconfianza por esas maneras "católicas" de rendir culto, los sacramentos. Gracias a Dios, esas desconfianzas son cosas del pasado. Muchas iglesias protestantes han llegado a apreciar los elementos de la tradición sacramental como las vestiduras, los altares, las velas, las ventanas de vidrios de color y otros elementos del arte. Por supuesto, algunas iglesias protestantes nunca perdieron esa tradición. Verdaderamente, Vaticano II declara: "El Santo Sínodo recomienda insistentemente a todos los fieles la lectura asidua de la Escritura para que adquieran *la ciencia suprema de Jesucristo* (Filipenses 3,8) 'pues desconocer la Escritura es desconocer a Cristo' ". (Revelación, 25) A los católicos se les recomienda encarecidamente que lean y estudien la Biblia, especialmente en su relación con la Liturgia de la

Palabra (la primera parte de la Misa) la cual, a través de la liturgia cristiana, ha sido un servicio de leer las Escrituras.

P. Quizás a los católicos se les anima de manera oficial a que lean la Biblia, pero no parece que muchos están muy familiarizados con ella. ¿Qué dice esto de la manera no oficial en que la Iglesia católica trata la Biblia?

Lo que dice es que miles de católicos han comenzado a ser estudiantes y lectores y oradores de la Biblia solamente después de que se celebró el II Concilio Vaticano (1962-1965). También dice que muchos otros católicos todavía no se han incorporado al "movimiento bíblico" católico. Hoy día, cualquier librería católica está muy bien abastecida de Biblias y de libros acerca de la Biblia, desde libros para principiantes hasta obras técnicas. Las Publicaciones Liguori — la compañía que publica el libro que está leyendo ahora — es sólo una de las muchas compañías católicas de publicaciones que distribuyen la Biblia y publican muchos libros acerca de la misma. (Para obtener una lista de publicaciones bíblicas de Liguori, vea la página 96.) Las parroquias y diócesis católicas de la nación patrocinan estudios de la Biblia para adultos y para niños. En conjunto con sus colegas protestantes y judíos, los expertos bíblicos católicos están considerados entre los mejores del mundo. Las personas que creen que los católicos no son "cristianos bíblicos" deberían de volver a pensar en este asunto.

P. Yo todavía no pienso que es bueno incorporar en el cristianismo las creencias y prácticas que tuvieron su origen en el mundo pagano.

Este deseo por tener unas creencias y prácticas cristianas puras es una virtud digna de admiración que comparten los fundamentalistas. Sin embargo, esta actitud pasa por alto los dos puntos siguientes.

1. No existe una tradición judeo-cristiana pura y sin elementos paganos. Desde el primer libro de la Biblia hasta el último, encontramos adaptaciones de ideas e imágenes "paganas". Por ejemplo, el autor de Génesis 1 incorporó muchos elementos de la mitología de Mesopotamia en su recuento de la creación. La demonología de Mesopotamia influyó la creencia judía en los demonios que fue muy predominante en la época de Jesús. Fue la fe de las personas de Nínive, quienes no eran israelitas, que les enseñó a los lectores judíos cómo ser fieles a Dios. La metafísica griega animó las esperanzas que los judíos tenían en la vida eterna. Los escritos de San Pablo incorporaron listas estoicas de virtudes y vicios. La fe de los no judíos, como el centurión Cornelio en Hechos 10, ayudó a los apóstoles a entender que Jesús no vino sólo para los judíos.

2. Viendo lo anterior, es obvio que las influencias paganas han enriquecido la religión judeo-cristiana y la Biblia. Entre las creencias cristianas, la Iglesia católica se destaca por ser tan receptiva a la sabiduría del mundo no cristiano, prestándole atención al consejo de San Pablo: "fíjense en todo lo que encuentren de verdadero, de noble, de justo, de limpio, en todo lo que es hermoso y honrado. Fíjense en cuanto merece admiración y alabanza". (Filipenses 4,8) Por ejemplo, Platón y Aristóteles han tenido una influencia muy grande por más de 1,500 años en la teología católica. En este siglo la teología católica recibe ayuda de un diálogo continuo con filósofos, científicos y otras religiones para ver facetas nuevas de la verdad y de la divina revelación. A través de todo esto, el mensaje de la revelación permanece inalterable, pero no cabe duda que nuestra comprensión de la revelación se ha enriquecido inmensamente.

P. Esta receptividad a un diálogo con los paganos todavía parece ser una práctica muy peligrosa. ¿Cómo puede uno prever que las cosas no se descarríen?

Mientras los teólogos católicos entablan muchos diálogos y hacen muchos estudios básicos, la autoridad oficial de la Iglesia que enseña trabaja constantemente para discernir la verdad y lo falso de las muchas opiniones producidas por los teólogos. Los escritos teológicos que son infieles a las Escrituras y a la sagrada Tradición siempre están bajo la crítica y la corrección de los obispos y hasta del papa. El *Imprimatur* — una declaración oficial que dice que un libro no viola la enseñanza oficial de la Iglesia en cuanto a la fe y la moral — aparece en la página de la propiedad literaria de los libros y materiales impresos destinados para la educación de los católicos, para asegurarle a los lectores que no van a apartarse de la verdad. Los fundamentalistas, que no aceptan la autoridad de la Iglesia que enseña, no tienen la seguridad que viene de esta fuente. Al no tener esta seguridad, algunos fundamentalistas naturalmente sospechan de cualquiera de las enseñanzas y las prácticas que les parecen desviarse de las palabras de las Escrituras y su significado literal. En contraste, los católicos creen que el Espíritu Santo está guiando a la Iglesia a la plenitud de la verdad (vean Juan 16,13), así que nosotros no estamos muy preocupados porque nuestra búsqueda por la verdad y la comprensión van a descarriarse.

2
LA AUTORIDAD QUE ENSEÑA Y EL PAPADO

P. Nuestra discusión acerca de las Escrituras y la tradición dijo bien claro que los católicos dependen de la autoridad que enseña para saber cuáles son las creencias y las prácticas que la Iglesia acepta. ¿Quién tiene esta autoridad para enseñar?

La autoridad para enseñar en la Iglesia católica se le ha encomendado a los obispos y al papa.

Como sucesor de San Pedro, el papa es el pastor de todos los fieles.

Los obispos son los sucesores de los apóstoles. En unión con el papa, los obispos tienen la misión de ser pastores que continúan la obra de Cristo, nuestro Maestro y Pastor.

P. Usted dice que la autoridad de los obispos viene porque son los sucesores de los apóstoles. ¿Tiene esto alguna base en las Escrituras para entonces reconocer la autoridad de los apóstoles para enseñar?

Los pasajes que aluden a esa autoridad son: Lucas 6,12-16; Mateo 28,18-20; Juan 20,21-23; 2 Tesalonicenses 2,15; 1 Corintios 12,28-31.

P. ¿Cuál es la base para reconocer a los obispos como sucesores de los apóstoles?

Aunque los libros del Nuevo Testamento fueron escritos muy al principio de los comienzos de la Iglesia, ya se había distinguido entre los ministerios de los diáconos y los ministros (o ministros presbíteros). Las cualificaciones y los deberes de cada uno están descritos en 1 Timoteo, capítulo 3. Durante la época apostólica, los apóstoles gobernaban las iglesias. Más tarde, los ministros asumieron este papel, cuando muchos de ellos fueron escogidos por los apóstoles o sus delegados (vean Tito 1,5). Al cabo del tiempo, la palabra griega *episkopos* — director — se usó para significar la persona que tenía el oficio de ministro. Nuestra palabra *obispo* también significa pastor.

Para el año 110, existían distinciones muy claras entre los roles de los obispos, los presbíteros y los diáconos. Como escribió Ignacio de Antioquía en el año 110 d C., los deberes del laicado ya se sabían. "Ustedes", él les dijo a la gente "tienen que seguir a los obispos como Jesucristo sigue al Padre, y a los presbíteros como seguirían a los Apóstoles . . . . Que nadie haga nada de importancia sin el obispo". (*Carta a los esmirnos,* 8,1)

P. ¿Por qué es que se les dio un papel tan importante a los obispos? ¿Por qué no se designó una forma de gobierno más democrática?

Para el año 110, la Iglesia primitiva ya había aprendido con dificultad que su unidad dependía del reconocimiento de un liderazgo con autoridad. Las herejías — enseñanzas falsas — destrozaron a la Iglesia por dentro y por fuera. Sólo la influencia estable de los apóstoles y también de los obispos fue lo que impidió que la Iglesia fuera destrozada por completo. En lo que se refiere a las verdades de la revelación, no se puede ejercer el liderazgo de la misma manera que se gobierna una democracia secular porque la verdad no es necesariamente lo que la mayoría cree. Así que cuando las disputas y los malentendidos surgieron en la Iglesia primitiva, los miembros no votaron; ellos apelaron a las palabras y las enseñanzas de los apóstoles, quienes habían estado tan unidos al Señor. En el siglo diesiseis, el cristianismo en el hemisferio oeste sufrió un gran daño a causa de la Reforma protestante. Ese gran trastorno demuestra claramente lo que puede pasar cuando no se le presta atención a una enseñanza autoritativa.

P. Pero Jesús es quien es el Camino, la Verdad y la Vida — y la Biblia es su Palabra. ¿Por qué no simplemente contemplar al Jesús bíblico para obtener dirección y considerar a la Iglesia primitiva para obtener un modelo de organización?

Solamente el contemplar al Jesús bíblico y el considerar a la Iglesia primitiva ha resultado en una gran fragmentación del cristianismo. Hay una gran cantidad de opiniones — que tienen muchas personas sinceras y buenas que buscan dirección en las Escrituras — acerca de Jesús y de la Iglesia primitiva. ¿Por qué tanta variedad? Porque las Escrituras no presentan un cuadro uniforme y perfecto de la misión y el significado de Jesús. También, la organización de la Iglesia primitiva descrita en el Nuevo Testamento no es nada uniforme. La Iglesia en Filipos, por ejemplo, parece haber sido un tanto jerárquica, mientras que la Iglesia en Corinto dividía las responsabilidades entre los líderes carismáticos. La comunidad primitiva en Jerusalén tenía todas sus posesiones en común (vean Hechos 2,44-45), pero en otras comunidades existía la propiedad privada (vean 1 Corintios 16). Uno puede pensar que los documentos del Nuevo Testamento proporcionarían una base adecuada para la unidad en la Iglesia, pero éste no ha sido el caso.

P. ¿Qué puede decir del papa? ¿Por qué creen los católicos en el papa?

Los católicos no "creen en" el papa. Nosotros creemos en Jesucristo como nuestro Señor y Redentor. Nosotros nos dirigimos al papa como una fuente de enseñanza y liderazgo.

P. ¿Cuál es la base para reconocer la autoridad del papa?

Las mismas Escrituras nos señalan el significado del liderazgo de San Pedro. En varias ocasiones él habla por los apóstoles — vean Mateo 8,27-29; Juan 6,67-69; Hechos 2,14-36. Y San Pedro fue comisionado por Jesús para ser el líder de la Iglesia — vean Mateo 16,18-19; Lucas 22,31-32.

P. ¿De seguro que la Iglesia primitiva no consideraba a San Pedro como un papa en el sentido actual de la palabra? En Gálatas 2,11-14, San Pablo comparte un recuento de cómo una vez él corrigió a San Pedro.

De acuerdo al rol del obispo, el papado llegó a ser lo que es en la época post bíblica. El título, *papa,* viene de la palabra griega *pappas*. El título "Santo Padre" — el cual usan los católicos para referirse al papa — es una traducción de esa palabra. Más o menos desde el siglo sexto, la palabra *papa* sólo se ha usado para referirse al obispo de Roma. No obstante, el liderazgo del obispo de Roma ha sido considerado desde el siglo dos. El obispo de Roma, como árbitro de las disputas entre las iglesias, ayudó a que la Iglesia mantuviera su unidad. San Pedro, cuyo martirio en Roma sirvió para establecer la preeminencia de esa Iglesia, fue considerado como el primer papa.

Es verdad que San Pablo se opuso a San Pedro durante la famosa disputa en Antioquía acerca del tema de los judíos cristianos que comían con los cristianos no judíos quienes no estaban circuncidados y no se acataban a la ley judía de los alimentos. (vean Gálatas 2,11-14) Como notó Tertulio en el año 200 d C., "el error ciertamente era uno en cuanto al procedimiento y no a la doctrina". (*El Moderado Contra los Herejes,* 23, 10)

P. ¿Por qué se le dio este rango al obispo de Roma? ¿Por qué no se le dio al obispo de Jerusalén?

Porque Pedro y Pablo ejercieron su ministerio en Roma y porque Roma era el centro político del mundo mediterraneo de esa época, se entiende que el obispo de Roma tuviera un rol especial en la Iglesia. Sin embargo, casi no cabe duda que el obispo (apóstol) de Jerusalén tuvo un rol muy importante en la Iglesia primitiva (vean Hechos 15).

P. ¿Se sometieron todas las iglesias primitivas a la autoridad del obispo de Roma?

No, no se sometieron. En un momento dado, por ejemplo, en el año 191, el Papa Victor I casi excomulgó (excluir de la

Iglesia) a los cristianos de Asia Menor porque no querían celebrar la Pascua de Resurrección el domingo sino el día catorce de Nisan, uno de los meses del calendario judío. La tensión entre las iglesias romanas y del este se agravó porque el imperio promovió el cristianismo, en el año 315 d C., como la religión oficial de Roma y por el poder y el prestigio que consecuentemente se le dio al papado. La división entre las iglesias romanas y las del este se finalizó en el siglo once. Aun recientemente se ha dado el caso de un obispo católico que no acepta la autoridad papal. Marcel Lefebvre, el obispo reaccionario, ha establecido su propio sistema de seminarios y sacerdotes porque él está totalmente opuesto a las políticas que los obispos y el papa establecieron en el II Concilio Vaticano.

P. Una cosa es reconocer el liderazgo del obispo de Roma, pero otra muy diferente es creer que él es infalible. ¿Cómo explican esto los católicos?

Cristo le dio a su Iglesia la misión de proclamar su Buena Nueva (Mateo 28,19-20). Cristo también nos prometió su Espíritu, quien nos guía "a la verdad total" (Juan 16,13). Ese mandato y esa promesa nos garantizan que nosotros, la Iglesia, nunca nos separaremos mucho de las enseñanzas de Cristo. La Iglesia es incapaz de equivocarse en cuestiones de las enseñanzas de Cristo y esta cualidad se llama *infalibilidad*. Esta palabra *infalibilidad* significa "exención de error", una garantía que asegura que una enseñanza específica de la Iglesia *no está equivocada*.

Debido al hecho que la responsabilidad del papa es ser una fuente de unidad en la Iglesia, él desempeña un papel especial en relación a la infalibilidad de la Iglesia. El es su instrumento clave. Y por lo tanto, la infalibilidad con la cual la

Iglesia está dotada le pertenece al papa de una manera especial. Este don del Espíritu se llama *infalibilidad papal.* Varios pasajes del Nuevo Testamento que enfocan unos conceptos relacionados demuestran un entendimiento de este don (vean Lucas 10,16; 1 Timoteo 3,15; Mateo 18,18; y especialmente Mateo 16,17-19). En el I Concilio Vaticano en el 1870, la sagrada tradición de la infalibilidad papal se convirtió en una doctrina católica formal.

P. ¿Así que el papa decide lo que los católicos creen?

No, si decimos eso no estamos dando una verdadera imagen porque no presenta la importancia del Espíritu Santo, de la Iglesia y del individuo. La infalibilidad es un don de Dios a su *Iglesia.* Junto con el papa, los obispos, en conjunto, también poseen este don. Como dice el II Concilio Vaticano, "La infalibilidad prometida a la Iglesia reside también en el Cuerpo de los Obispos cuando ejerce el supremo magisterio en unión con el sucesor de Pedro". (Constitución Dogmática sobre la Iglesia, 25)

Además, el recordar que el papa y los obispos son las voces del auténtico *sensus fidelium* — el "consenso de los fieles" — y que los fieles *son* la Iglesia, podemos decir, con todo derecho, que es *la Iglesia,* bajo la dirección del Espíritu Santo, lo que proclama lo que es y lo que no es una creencia auténtica católica. Como dice el II Concilio Vaticano, "La totalidad de los fieles, que tienen la unción del Santo (vean Juan 2,20.27), no puede equivocarse cuando cree ". (La Iglesia, 12)

Por último, es importante recordar el papel que desempeña la conciencia. Es posible que una persona tenga una convicción moral que se opone a una enseñanza de la Iglesia. Si la persona estudia y ora, y todavía está convencida que su conciencia está en lo correcto, la persona está obligada moralmente a seguir su conciencia.

P. ¿El papa siempre es infalible?

Solamente cuando el papa habla oficialmente *ex cathedra,* como el supremo pastor y maestro de la Iglesia universal, y le habla a la Iglesia universal, proclamando por medio de un acto determinado alguna doctrina de fe o de la moral — es cuando el papa es infalible.

Cuando un papa habla de esta manera, su exención de error en cuanto a las enseñanzas no depende del consentimiento de la Iglesia; es un don de Dios a la Iglesia.

P. ¿Cuáles son algunos ejemplos de estas enseñanzas infalibles?

Han habido pocas enseñanzas infalibles. Desde el año 1870, la única doctrina que se ha proclamado como infalible es la Asunción de María. Esa proclamación fue hecha por el Papa Pío XII el 1 de noviembre de 1950 después de consultar con los obispos del mundo.

P. ¿Entonces quiere decir que los escritos papales sobre el control de la natalidad, la justicia social y otras cuestiones no son declaraciones infalibles?

Los escritos papales, como las encíclicas y declaraciones en conferencias — grupos regionales — de los obispos católicos son documentos que poseen autoridad. Pero no son declaraciones hechas por el papa *ex cathedra.* Estos documentos son expresiones de la enseñanza auténtica de la Iglesia, sin embargo, los fieles católicos le dan a estos escritos su consideración cuando forman sus conciencias en cuanto a los temas tratados.

P. ¿Se espera que el papa haga alguna declaración infalible en el futuro?

Si una herejía seria o una cuestión moral comenzara a dividir a la Iglesia, el papa y los obispos del mundo puede que consideren necesario hablar de esta manera.

P. Cuando habían dos o tres papas, ¿cuál de ellos era infalible?

Esta es una pregunta retórica que casi siempre se hace con un poco de sarcasmo. Una respuesta retórica puede declarar que el único papa que era el verdadero obispo de Roma era el que gozaba del don de la infalibilidad.

P. ¿Si un católico no cree en la doctrina de la infalibilidad papal, está "desacreditada" esa persona?

El clero y el laicado católico discuten muy pocas veces la doctrina de la infalibilidad. Es importante que los católicos reconozcan el rol especial del papa de pastor de la Iglesia, pero es poco probable que la cuestión de estar en una posición acreditada o desacreditada sería el factor decisivo de este asunto. El ser un buen católico implica mucho más que el entender la doctrina de la infalibilidad con todas las profundas ramificaciones y el asentir formalmente a la doctrina.

P. ¿Tiene un católico que creer en la Asunción, la doctrina proclamada más recientemente por una declaración infalible?

Esta doctrina — que María, la Madre de Dios, fue llevada en cuerpo y alma al cielo al final de su vida — es fiel a sagradas tradiciones que datan de la Iglesia primitiva. Hay algunas justificaciones que cualquier cristiano puede usar para ofrecer una opinión contraria a la doctrina, sin contar el hecho poco conocido que la doctrina no tiene un enfoque explícito en las Escrituras, pero sólo se encuentra en ellas en las enseñanzas relacionadas con la doctrina. La base teológica principal de la Asunción es que María es la Madre de Jesús, quien es el Hijo de Dios — una creencia que es muy querida de los católicos.

P. ¿Quién elige al papa?

En los primeros siglos del cristianismo, el papa era elegido por el clero y los fieles de Roma. La manera de elegir a los papas, influenciada por eventos históricos a través de los siglos, ha evolucionado hasta llegar a la manera en la cual los elegimos hoy día: el papa es elegido por los cardenales de la Iglesia, los cuales se reúnen en una asamblea llamada cónclave, la cual usualmente se celebra en la Capilla Sistina del Vaticano. La elección se hace por sufragio, un proceso que a veces dura varios días. Cuando un candidato recibe una mayoría de dos tercios más un voto y entonces acepta esa elección de los cardenales, él entonces se convierte en ese momento en el nuevo papa. La celebración pública llamada la coronación papal se celebra más tarde.

P. ¿Qué son los cardenales?

La palabra *cardenal* viene de la palabra del latín *cardo* que significa "eje". Es un nombre muy apropiado porque los cardenales son personas escogidas por el papa para ser sus asistentes y consejeros claves en la administración de cuestiones de la Iglesia. Estas personas, en su grupo, forman el Colegio de Cardenales. Históricamente, los primeros cardenales, en el siglo sexto, eran sacerdotes que estaban a cargo de iglesias principales en Roma. De acuerdo a la ley actual de la Iglesia, una persona tiene que ser un sacerdote o un obispo antes de ser cardenal. En los Estados Unidos, los arzobispos de algunas de las arquidiócesis más grandes, como las de Nueva York, Chicago y Los Angeles, comúnmente son elevados al rango de cardenal.

P. ¿Por qué es que los católicos llaman a los sacerdotes "Padre", cuando Jesús nos dijo en Mateo 23,9 que no le dijéramos "Padre" a nadie?

Primero, vamos a ver el verdadero significado de Mateo 23,1-13. En estos versículos, Jesús le habla a la gente de la hipocresía de los fariseos, a quienes les gustaba impresionar a las personas con su ropa y sentándose en los lugares de honor. Jesús les advierte a sus seguidores que esta categoría social no significa nada ante los ojos de Dios. El concluye este discurso diciendo que el más grande entre nosotros no es el que tiene títulos especiales, sino el que sirve a los demás. En este contexto es que Jesús les dijo que no se dejaran llamar "Rabino", "Padre" y "Maestro".

¿Quiso decir Jesús que *nunca* debemos usar esas palabras otra vez? ¡Por supuesto que no! Aun las Escrituras usan esos títulos. Por ejemplo, Exodo 20,12 dice, "Respeta a tu padre y a tu madre". Muchos pasajes del Nuevo Testamento usan la palabra "Padre" al referirse al padre de una persona (vean Hechos 7,29; 16,1; 28,8; Efesios 5,31; 1 Timoteo 5,1). Asimismo, las palabras "maestro" y "rabino" también se usaban extensamente en el Nuevo Testamento. Si Jesús hubiera querido que nunca más usaramos las palabras padre, maestro o rabino, entonces San Pablo y los otros escritores del Nuevo Testamento no las hubieran usado. En todo caso, podemos estar seguros de que los fundamentalistas se contradicen en cuanto a este punto: ¡de seguro que sus hijos llaman padres a sus padres y de seguro que ellos tienen maestros en las clases de religión!

La razón por la cual los católicos llaman "Padre" a los sacerdotes no es porque piensan que ellos son Dios (el Padre), sino porque ellos son, de un modo especial, nuestros padres espirituales. El sacerdote es quien guía a la comunidad en el culto, quien administra los sacramentos (excepto la confirmación y las órdenes sagradas) y quien es responsable de enseñar a la comunidad. Igual que un padre humano ayuda a nutrir la vida de sus hijos, el sacerdote también ayuda a nutrir las vidas de sus hijos espirituales. San Pablo habla de esta paternidad espiritual en 1 Corintios 4,15 donde escribe: "Porque, aunque tuvieran en Cristo diez mil guías que vigilen sus pasos, no cabe lugar para muchos padres. Pues fui yo quien les transmití la vida en Cristo por medio del Evangelio".

Así que vemos que los católicos no son infieles a las Escrituras cuando llamamos "Padres" a nuestros sacerdotes. La verdad es que a los fundamentalistas les gusta citar las Escrituras para atacar el sacerdocio católico. Al atacar el sacerdocio ellos esperan desalentar a los católicos para que no respeten debidamente el liderazgo de sus sacerdotes.

P. Pero la palabra *sacerdote* se desvía considerablemente de la palabra *presbítero*. La palabra *sacerdote* sugiere rituales y sacrificios, pero Cristo se ha ofrecido a El mismo como el sacrificio definitivo.

Esto es correcto, pero vamos a explorar estos puntos más detalladamente en algunos capítulos que siguen más adelante.

3
LA SALVACION

P. ¿Por qué es que la Iglesia católica rechaza la doctrina de la justificación por la fe cuando la Biblia nos enseña esto muy claramente en muchas ocasiones?

Como una reacción a los abusos en las prácticas y la religiosidad popular en la Iglesia, muchos reformistas del siglo dieciseis se concentraron casi exclusivamente en la enseñanza de Pablo que dice que "el hombre es tenido como justo por la fe y no por el cumplimiento de la Ley" (Romanos 3,28). Martín Lutero, tratando de consolar a las personas preocupadas por su salvación personal, declaró que la salvación no se consigue por medio de acciones personales sino *sola fide* — "sólo por la fe" — confiando sólo en el perdón misericordioso de Dios. Este énfasis iba más allá de la fórmula de San Agustín, *sola gratia* — "sólo por la gracia" — y por eso surgió una controversia en la cual ni los reformistas ni la jerarquía de la Iglesia le prestaron mucha atención a las inquietudes válidas de cada grupo relacionadas con los asuntos de doctrina y prácticas. Felizmente, después de más de 450 años, esta controversia relacionada con la justificación casi ha llegado a su fin. En 1983, el Grupo de Diálogo luterano-católico en los Estados Unidos publicó un documento importante titulado *Justification by Faith* (a la venta en centros de recursos luteranos y católicos). Entre los muchos puntos que discute el documento, se encuentra el siguiente: *"Nuestra esperanza de justificación y salvación se apoya en Jesucristo y en el Evangelio donde se proclaman las buenas nuevas de la acción misericordiosa en Cristo; no ponemos toda nuestra confianza en cualquier cosa, sólo la ponemos en la promesa de Dios y la obra de salvación de Cristo". (4)* Más adelante, el documento dice: "En lo que enseñan, los luteranos y también los católicos pueden hablar de la justificación por la fe y hasta de la justificación sólo por la fe y que nada anterior al don gratuito de la fe amerita la justificación y que todos los dones de salvación vienen sólo por Cristo. Sin embargo, los católicos hacen hincapié en que la presencia interior del Espíritu Santo nos trae a los creyentes no sólo un consentimiento y una confianza, sino también un compromiso de amor que resulta en buenas obras". (105)

Así que, como pueden ver, no es correcto decir que la Iglesia católica rechaza la doctrina de la justificación por la fe.

P. ¿Dónde se menciona en la Biblia que las buenas obras son necesarias?

La importancia de las buenas obras o las obras de misericordia se afirma muy claramente en Mateo 25,31-46. Es curioso que en esta parábola del juicio y de la salvación no se menciona el papel que tiene la fe. Mateo 7,21-23 también sugiere que la fe y el poder espiritual no sirven para nada si sólo producen homenaje de boca a Cristo. Dirigiéndose a los "creyentes" de boca, la carta de Santiago dice muy francamente: "Así pasa con la fe si no se demuestra por la manera de actuar: está completamente muerta". (Santiago 2,17)

P. Pero Jesús es el que salva, no nuestras buenas obras. ¡Es imposible alcanzar la salvación por medio de las buenas obras porque no podemos llegar a Dios!

Esto tiene su verdad. La Iglesia católica, fiel a la Biblia, nos enseña que las buenas obras no son lo que nos acercan a Dios sino la confirmación de la vida de Dios en nosotros. Como dice Santiago 2,18, "te mostraré mi fe por el bien que hago".

P. No todas las personas que hacen buenas obras son cristianas. Algunas personas que hacen el bien hasta son ateas, y no cabe duda que esas personas serán condenadas.

No cabe duda que Dios envió a Cristo para que nos guiara hacia el cielo, pero no nos toca a nosotros juzgar el por qué algunas personas que hacen el bien no han aceptado a Cristo por la fe. Una razón por la cual la mayoría de las personas en el mundo no son cristianas es simplemente que nunca han oído el Evangelio en un ambiente que contribuye a la fe. Indudablemente, también existen muchas personas que han rechazado a Cristo porque habían presenciado un mal ejemplo del cristianismo o una mala interpretación del Evangelio. Solamente le toca a Dios el juzgar quién va a salvarse y quién va a condenarse. Para nosotros es suficiente hacer todo lo posible.

P. ¿Quiere decir que es posible que las personas de otras religiones se salven?

Muchos pasajes del Antiguo Testamento hablan del amor que Dios les tiene a los que no creen: Por ejemplo, en Génesis (12,2 y 17,9) y en Isaías (2,2-5; 49,6; 49,22; 60,3) y en otros, las naciones encuentran la salvación por medio de Abrahán y de Israel. Amós 9,7 en verdad declara que Yavé ama a los enemigos de Isarel — los filisteos y los arameos (sirios) — ¡tanto como ama a Israel! En el capítulo 3 de Jonás, los ninivitas paganos se salvan no porque cambian su religión — ellos no la cambian — sino porque ellos claman a Dios y tienen una conversión moral. Y no olvidemos los "paganos santos" del Antiguo Testamento — por ejemplo, la reina de Saba en 1 Reyes, capítulo 10 y el santo hombre llamado Job.

En el Nuevo Testamento, Hechos capítulo 10 habla de Cornelio quien era un hombre muy santo aun antes de su bautismo. En Hechos capítulo 10, Pedro mismo dice: "Verdaderamente reconozco que Dios no hace diferencia entre las personas, sino que acepta a todo el que lo honra y obra justamente, sea cual sea su raza". Y el pasaje clásico, 1 Timoteo 2,3-4, dice: "Dios nuestro Salvador, que quiere que todos los hombres se salven y lleguen a conocer la verdad".

Viendo lo ya dicho, no debe sorprenderle a nadie que el II Concilio Vaticano diga que los no cristianos sinceros "bajo el influjo de la gracia" conocen la voluntad de Dios "mediante el juicio de la conciencia"; que hay "de bueno y verdadero entre ellos", que Cristo los "ilumina" para "que al fin tengan la vida". (La Iglesia, 16) El II Concilio Vaticano continúa diciendo que aun las personas que nunca han oído el Evangelio tienen "fe" y "el Espíritu Santo ofrece la posibilidad de que . . . se asocien a este misterio pascual" — la muerte y la

Resurrección de Jesús. (Decreto sobre la actividad misionera de la Iglesia, 7; Constitución Pastoral sobre la Iglesia en el mundo actual, 22)

El II Concilio Vaticano habla con mucha reverencia de las religiones no cristianas como el hinduísmo y el budismo, las cuales se desarrollaron independientemente del judaísmo y el cristianismo, y dice: "La Iglesia católica nada rechaza de lo que en estas religiones hay de verdadero y santo" las cuales "no pocas veces reflejan un destello de aquella Verdad que ilumina a todos los hombres". (Las relaciones de la Iglesia con las religiones no cristianas, 2) Este mismo documento continúa hablando, con igual reverencia, de la religión musulmana, la cual contiene elementos del judaísmo y el cristianismo, y habla también del judaísmo, la fuente de donde emanó el cristianismo.

Así que, sí, la Iglesia católica, fiel a la Biblia y a la Tradición, enseña que las personas de otras religiones pueden salvarse.

P. ¿No tenemos aquí un ejemplo de un conflicto entre la enseñanza católica y la Biblia? En Juan 14,6, Jesús dice: "Yo soy el Camino, la Verdad y la Vida".

Si existiera tal conflicto, ¿no existiría también un conflicto entre Juan 14,6 y la afirmación de Pedro, el amigo íntimo de Jesús, en Hechos 10,34-35? ¿Y un conflicto entre Juan 14,6 y 1 Timoteo 2,3-4? La verdad es que no existe tal conflicto, porque todos los que se salvan se salvan en Cristo. Puede que el recordar que Cristo se relaciona con todos nos ayude a entender más el asunto de la fe. Primero que nada, todo lo creado fue creado por Cristo, quien lo mantiene todo en existencia — vean Juan 1,1-4 y 1 Corintios 1,24. Segundo, como dice el II Concilio Vaticano, por su Encarnación "El Hijo de Dios con su encarnación se ha unido, en cierto modo" con todo ser humano. (La Iglesia en el mundo actual, 22) Por último, Cristo ha resucitado; Él está, en este momento, presente a todo ser humano ofreciendo gracia y salvación. Así que, aun para las personas que nunca han oído su nombre, Jesús es el Camino, la Verdad y la Vida.

P. Ya mencionó que el perdón de los pecados es esencial para la salvación; pero cuando una persona se convierte al cristianismo, él o ella ha recibido el perdón.

Aunque la conversión marca el comienzo de una nueva vida de gracia, no trae consigo la eliminación total del pecado en la vida del individuo. Los cristianos verdaderamente han sido perdonados, pero debido a que continuamos pecando tenemos que buscar y aceptar continuamente el perdón de Dios. El perdón de Dios, entonces, nos da el poder de perdonarnos a nosotros mismos y a los demás por el mal que nos han hecho.

P. ¿Dónde encontramos en la Biblia que a los que perdonan se les concederá la vida eterna?

En Mateo 18,21-22, Jesús le dice a Pedro que él tiene que perdonar continuamente a aquellos que le hacen mal. En la parábola de la persona que no perdonó a su compañero (vean Mateo 18,23-25), Jesús indica que Dios nos va a tratar con misericordia si tratamos a los demás con misericordia. Él también dice que Dios va a juzgar ásperamente a aquellos que no perdonan a los demás.

P. Está bien, así que Dios quiere que nos perdonemos y le pidamos que nos perdone; esto es parte de la vida de

fe que vivimos. ¿Pero por qué es que los católicos creen que la confesión con un sacerdote es tan importante?

Voy a citar algo que dijo el Padre Eamon Tobin en su libro *The Sacrament of Penance:*

"Para responder a esta pregunta, lo primero que casi siempre digo es, '¿Por qué no nos oponemos a tener un mediador, otro hombre, en el sacramento del bautismo? ¿Por qué no nos bautizamos nosotros mismos?' El bautismo, entre otras cosas, nos limpia de pecado. El sacramento de la reconciliación es como un segundo bautismo; nos limpia de los pecados después del bautismo. Si no nos oponemos a que otro hombre sea el mediador de la gracia de Dios en el bautismo, ¿por qué nos tenemos que oponer a que otro hombre sea el mediador de la gracia de Dios en el sacramento de la reconciliación?

"Sin embargo, la razón principal por la cual la Iglesia católica les pide a sus miembros que le confiesen sus pecados a un sacerdote es simplemente porque la Iglesia siempre ha creído que el pecado, aunque sea privado, es un asunto comunitario. Todo pecado, sin importar lo pequeño que sea, hiere al Cuerpo de Cristo, los miembros de la Iglesia. Cuando nos bautizamos nos incorporamos al Cuerpo de Cristo. Si mi mano tiene una infección, dentro de poco mi cuerpo siente los efectos de esa infección. Ninguna parte del cuerpo humano puede sentir dolor sin que todas las otras partes sean afectadas. Lo que es verdad en relación al cuerpo humano es también verdad en relación al Cuerpo de Cristo (la Iglesia). Cuando cualquiera de sus miembros peca, todos los miembros sufren. Además, yo disminuyo la luz de Cristo en la comunidad total por mis pecados. Debido a que mis pecados hieren a la comunidad y disminuyen su eficacia, la reconciliación tiene que incluir a la comunidad y no sólo a

Dios. En el confesionario, el sacerdote es el representante de Dios y de la comunidad. En el confesionario, el sacerdote representa a Cristo en su totalidad, la Cabeza (Jesús) y a los miembros (la Iglesia)".

P. Esto parece una herejía. Sólo Dios puede perdonar los pecados. ¿Cómo puede pretender que un sacerdote puede perdonar?

Sabemos que el mismo Jesús perdonó pecados (vean Lucas 5,17-26), que El le dio a su Iglesia la autoridad para hacer lo mismo (vean Juan 20,22-23) y que la Iglesia primitiva ejerció esta autoridad de varias maneras (vean Mateo 18,15-20; Lucas 7,47; 1 Corintios 5,1-5; 2 Tesalonicenses 3,14-15; Santiago 5,15-16; 1 Pedro 4,8). Desde el siglo dos hasta el siglo quinto, la reconciliación se convirtió en un proceso público debido en gran parte a la necesidad de la Iglesia de tratar con pecados graves como el asesinato, la apostasía y el adulterio. El penitente recibía la absolución y se volvía a incorporar a la comunidad solamente después que el obispo y que la comunidad estaban satisfechos de la profundidad de su conversión. Desde el siglo sexto hasta el siglo doce, la costumbre confesarse uno con otro era muy popular y los laicos se confesaban con los monjes. Esta costumbre ofrecía el beneficio de una consejería espiritual privada. Desde el siglo doce hasta el siglo quince la Iglesia detalló cuestiones morales y doctrinales con mucha precisión. Fue durante este período que los teólogos como Tomás Aquino declararon que el confesar los pecados a una persona laica — una práctica que existía en la Iglesia desde sus comienzos — no constituía un sacramento formal como lo constituía la confesión a un sacerdote. Durante el siglo dieciseis, Martín Lutero rompió con la Iglesia católica y parece que gradualmente dejó de creer que la confesión a un sacerdote era un sacramento instituído por Cristo. Sin embargo, más tarde, Lutero escribió; "Enseñamos que la confesión es algo excelente. . . . Si eres cristiano irás a confesarte. . . . Sin embargo, si desprecias la confesión, y si eres demasiado orgulloso para confesar tus pecados, concluimos que no eres cristiano. . . . Así que cuando insisto en que se confiesen, sólo estoy insistiendo en que cada hombre sea un cristiano".

La Iglesia católica no le pide a los miembros de otras tradiciones cristianas que se confiesen con un sacerdote. Pero podíamos pedir, siendo razonables, que consideren el sacramento como una práctica cristiana válida y de valor — una fuente de una conversión más profunda a Cristo, una manera de reconciliarse más profundamente con Dios, con los demás y consigo mismo — un acto de culto que alaba a Dios por su misericordia y perdón eternos.

P. ¿Por qué es que el sacerdote da una penitencia en el sacramento de la penitencia o reconciliación?

Déjenme volver a citar una parte del libro del Padre Eamon Tobin *The Sacrament of Penance:*

"Al contrario de lo que algunos cristianos piensan, cuando los católicos hacen las penitencias (llamadas 'actos de penitencia' en el Rito nuevo) eso no significa que creemos que tenemos que pagar un precio por la misericordia de Dios. La misericordia de Dios es un don que no se puede conseguir (vean Efesios 2,8-10). El único 'precio' que tenemos que pagar es un corazón arrepentido. Dios no le puede dar su don de misericordia a un corazón que no está arrepentido. En cuanto a los propósitos de las penitencias, el nuevo Rito de la Penitencia dice: 'La verdadera conversión se completa con actos de penitencia o reparación por los pecados cometidos, con cambios de conducta y también con la reparación de daños' (6). Así que la penitencia que el sacerdote nos da en el confesionario debe, idealmente, llevar a cabo dos cosas — sanarnos del pecado y, de alguna manera, reparar el daño o desorden que nuestro pecado le causó a la comunidad".

P. Parece que los católicos van a confesarse y entonces pecan otra vez. ¿Es la confesión para hacer esto?

No cabe duda de que cada católico que se confiesa va a volver a pecar, igual que cada fundamentalista que profesa tener fe va a pecar cada día. Pero tampoco cabe duda de que es erróneo el usar la confesión simplemente como un medio de liberarse de sentimientos de culpa sin, al mismo tiempo, resolver no pecar más. Como mencionamos en la cita anterior, un firme propósito de no volver a pecar es parte de este sacramento.

P. ¿Qué tiene que ver el bautismo con la salvación?

El bautismo es el rito de iniciación a la Iglesia, la cual es el Cuerpo de Cristo aquí y ahora. Como dice el Directorio Catequético Nacional para los Católicos de los Estados Unidos, *Compartiendo la Luz de la Fe,* "El bautismo libera a las personas del pecado original y de todos los pecados personales, les proporciona un renacer como hijos de Dios, los incorpora a la Iglesia, los santifica con los dones del Espíritu Santo e, imprime en sus almas un carácter indeleble, los inicia en las funciones sacerdotales, proféticas y majestuosas de Cristo. La Iglesia, además, ha enseñado siempre que el Bautismo es necesario para la salvación". (116)

El bautismo es necesario para la salvación de la misma manera que el pertenecer a la Iglesia es necesario para la salvación. Igual que las personas que no son católicas pueden alcanzar la salvación, las personas que no están bautizadas pueden alcanzar la salvación — eso es, a no ser que esas personas sepan que Dios los está llamando a la Iglesia y ellas intencionalmente rechazan esa llamada.

P. ¿Por qué es que los católicos bautizan a los bebés cuando es obvio que ellos no son capaces de hacer un acto de fe?

No parece que esa costumbre de bautizar a los bebés era muy común en la Iglesia primitiva, aunque las Escrituras (vean 1 Corintios 1,16; Hechos 16,15.33) aluden al hecho de "casas enteras" que se bautizaban.

En el siglo cuarto y el quinto, la herejía de Pelagio afirmó que alcanzamos la salvación por medio de nuestros propios esfuerzos. Defendiendo la práctica de la Iglesia, Agustín respondió en su tratado titulado *Acerca del pecado original y el bautismo de infantes* (411 d C.), diciendo que necesitamos el contacto sacramental con la redención de Cristo — el bautismo — si es que vamos a alcanzar la salvación. Sin embargo, Agustín también insistió que sin fe no hay sacramento; que una recepción eficaz de los sacramentos depende de la fe y el amor del que los recibe. En cuanto a los infantes, Agustín discutía la validez del sacramento diciendo que los infantes son capaces de recibirlo porque, aunque no asienten personalmente cuando lo reciben, ellos claramente no son capaces de poner un impedimento moral para no recibir su gracia.

El Padre Richard McBrien ofrece la siguiente perspectiva en relación con el bautismo de infantes:

"Igual que uno entra en una familia por su nacimiento y verdaderamente es parte de esa familia aunque por mucho tiempo no existe la capacidad de dar amor humano, sino sólo de recibirlo, uno puede entrar en la familia de la Iglesia antes de que uno pueda ser capaz de entender su significado o de expresar el amor que distingue a esta comunidad como el Cuerpo de Cristo y el Templo del Espíritu Santo. En el caso de los infantes, el niño no expresa la intención, sino las personas que llevan al niño a bautizarse — por ejemplo, los padres, los padrinos, los familiares y las amistades". *(Catholicism,* páginas 742-743)

P. ¿Por qué es que los católicos sólo rocían a la persona con agua para bautizarla en vez de sumergirla como se hacía en la Iglesia primitiva?

El rito católico del bautismo habla del bautismo "por la sumersión del cuerpo entero o solamente la cabeza" y del bautismo "por infusión o derramando agua". El derramar agua se convirtió en la manera más popular, probablemente por los bautizos de infantes; sería peligroso meter a un infante bajo el agua. Hoy día la mayoría de las Iglesias católicas no tienen las facilidades para bautizar a los infantes por inmersión, pero está permitido si se hace "con decoro y modestia".

P. ¿Por qué bautizan los católicos "En el nombre del Padre y del Hijo y del Espíritu Santo" en vez de "en nombre del Señor Jesús", como dice Hechos 19,5?

En Mateo 28,19, Jesús envía a sus apóstoles a bautizar usando la fórmula trinitaria. Debido a que Jesús es el Hijo, la fórmula católica del bautismo incluye sin duda "el nombre del

Señor Jesús". Las palabras del bautismo que se usan en Mateo reflejan la práctica de la Iglesia de la segunda generación en Antioquía, donde se escribió el Evangelio de Mateo.

P. ¿Qué tiene que ver la comunión con la salvación?

"En verdad les digo: si no comen la *carne* del Hijo del Hombre, y no beben su sangre, no viven de verdad", dijo Jesús. (Juan 6,53) Los católicos creen que este pasaje se refiere al pan y al vino ofrecidos en la Cena del Señor (vean Marcos 14,22-25), la cual Jesús nos mandó que compartiéramos en memoria suya (vean Lucas 22,19). Este memorial se celebra en cada Misa católica.

P. Pero la Cena del Señor sólo es una cena memorial. Jesús no quiso que tomáramos sus palabras tan literalmente, ¿no?

Es sorprendente que los fundamentalistas no adoptan una interpretación literal de la Biblia en cuanto a este punto. Pero la discusión de la Misa católica va a ser en el próximo capítulo. Ahora estamos discutiendo la salvación y tenemos las palabras de nuestro Señor para meditarlas (vean Juan 6,53).

P. De seguro que no está diciendo que las personas que no van a Misa y no reciben la comunión como el Cuerpo y la Sangre de Cristo van a ser condenadas.

Los católicos no se toman la libertad de decir quién se va a salvar y quién no. Pero Cristo nos asegura que "El que come mi *carne* y bebe mi sangre, vive de vida eterna . . . ". (Juan 6,54) ¿Sería posible que algún católico quisiera restarle importancia a este regalo tan precioso?

P. ¿Se le asegura la salvación a aquellos quienes hacen todo lo que ha descrito?

Sabemos que la voluntad de Dios es que todo el mundo se salve. Pero hasta Pablo, el gran apóstol, nos dice: "sigan procurando su salvación con temor y temblor". (Filipenses 2,12) Aun hacia el final de su vida, alrededor del año 56, Pablo no consideraba que había ganado "el premio" (vean Filipenses 3,10-15). El hecho de que la conversión no nos garantiza una comunión eterna con Jesús debe darnos qué pensar (vean el discurso serio en Hebreos 6,4-8). Puede consolarnos el saber que nada puede separarnos del amor de Dios (vean Romanos 8,35-37) y que aquellos quienes perseveran en la fe y el amor hasta el final van a alcanzar la salvación (vean Mateo 10,22; 24,13).

La salvación es un don de Dios; es nuestro destino humano más fiel. Pero va a demandar que nosotros erradiquemos el egoísmo de nuestras vidas (vean Lucas 9,23-24). Así la Cruz de Cristo se convertirá en parte de nuestra jornada hacia el cielo.

P. No podemos terminar esta discusión sin mencionar el purgatorio. ¿De dónde vino esta noción que no vino de la Biblia?

Si alguien muere en el amor de Dios, pero tiene alguna "mancha de pecado", esas manchas se limpian en un proceso de purificación llamado el purgatorio. El purgatorio no es un lugar sino una etapa o proceso después de la muerte. En esta etapa, los muertos reciben la ayuda de las oraciones de los vivos, un dato que encontramos en la Biblia en 2 Macabeos 12,39-45 y contenido en la tradición judía debido a que los cristianos de los primeros tiempos lo adoptaron. La doctrina fue establecida en firme en la Iglesia en el siglo dos.

Después de pasar por el purgatorio, la persona será totalmente generosa y poseerá un amor perfecto. La parte egoísta de la persona — esa parte que continuamente buscó la satisfacción propia — habrá muerto para siempre. La "nueva persona" será la misma persona interior, transformada y purificada por la intensidad del amor de Dios.

En esta doctrina está contenido un vínculo de unión — llamado la comunión de los santos — que existe entre el Pueblo de Dios en la tierra y aquellos que ya han muerto. El II Concilio Vaticano enfocó este vínculo de unión al decir que "recibe con gran piedad la venerable fe de nuestros antepasados acerca del consorcio vital con nuestros hermanos que se hallan en la gloria celeste o que aún están purificándose después de la muerte". (La Iglesia, 51)

P. ¿Qué pasa si un bebé — o cualquiera — se muere sin estar bautizado?

Primero, vamos a hablar de personas adultas que mueren sin estar bautizadas. Si, por ejemplo, un adulto muere sin estar bautizado, entonces Dios juzgará a esa persona de acuerdo a lo que él o ella hizo con su libertad. Ya hemos hablado de esto en nuestra discusión de las religiones no cristianas (páginas 42-43).

La muerte de un bebé o de un niño pequeño que no está bautizado es otra cosa porque ellos no han tomado opciones relacionadas con Dios y su verdad. Dios no nos ha dicho nada acerca del destino de estas almas inocentes y preciosas, así que no existe una enseñanza católica oficial relacionada con este tema. En el 1794, el Papa Pío VI condenó las enseñanzas del Jansenismo, que mantenía que los bebés no bautizados iban al infierno. El sugirió que su destino, en vez del infierno, podría ser el Limbo, un estado de felicidad natural en el cual, no obstante, el alma está privada de la visión beatífica de Dios. (La palabra "Limbo" significa una área fronteriza.) Aunque el Limbo no es una enseñanza oficial de la Iglesia, se ha enseñado por mucho tiempo y ha sido aceptada por los católicos. Sin embargo, en cuanto al verdadero destino de los infantes no bautizados, sólo podemos estar seguros de que nuestro Dios bueno y misericordioso será compasivo con estos pequeñitos.

4
LA MISA Y
LA SAGRADA COMUNION

P. ¿Por qué es que se supone que los católicos vayan a Misa todos los domingos?

El guardar el día del Señor es una práctica que procede de la observancia judía de guardar el sábado. Los cristianos cambiaron del sábado al domingo porque éste es el día cuando el Señor resucitó. Los católicos van a Misa todos los domingos para serle fiel a esta tradición de culto comunitario.

P. Parece que la Iglesia católica está llena de hipócritas quienes van a Misa los domingos por obligación, pero no creen realmente en Dios o viven una vida cristiana. Creen que están bien con Dios con tal de que cumplan con su obligación.

Probablemente es verdad que algunos católicos solamente van a Misa por obligación, pero es cierto que Dios no ha nombrado a los fundamentalistas para juzgarlos. Sólo Dios conoce el corazón humano, y sólo Dios sabe las razones por las cuales algunas personas van a Misa. Para que conste, debemos notar que el ser un católico apostólico y romano requiere más que el ir a Misa los domingos. Los católicos son llamados a seguir a Jesús y a vivir una vida de amor. El cumplir con la obligación del domingo no absuelve a la persona de la responsabilidad de vivir como Jesús nos enseñó a vivir. Cuando estemos frente a frente a Dios el día del Juicio, El no nos preguntará si fuimos a Misa, pero sí nos preguntará si fuimos personas que amamos. Entonces la razón por la cual vamos a Misa es para adorar a Dios y poder recibir la gracia de su Presencia y su Amor.

P. Pero ¿por qué es que nuestro culto comunitario toma la forma de la Misa? ¿Por qué no simplemente orar, cantar y predicar?

La liturgia católica de los domingos incluye cantos de la congregación y también momentos de silencio y de oraciones comunitarias. La Liturgia de la Palabra, la primera parte de la Misa, se concentra en pasajes de la Escritura del Antiguo y del Nuevo Testamento, y también incluye una homilía que la da un sacerdote o un diácono para ayudar a la comunidad a vivir el mensaje bíblico. Contrario a muchos servicios protestantes, el culto católico prosigue con la Liturgia de la Eucaristía. Este memorial de la Cena del Señor se celebra en fidelidad a las palabras de Lucas 22,19.

P. ¿Así que la Liturgia de la Eucaristía en la Misa es simplemente un memorial? Esto es lo que creemos.

Los católicos también creen que la Eucaristía es un memorial. Pero como demuestra la cita tomada del Vaticano II,

la palabra *memorial*, de acuerdo al enter
significa mucho más que "un servicic
Constitución sobre la Sagrada Liturgia,
mienza el capítulo titulado "El Sacrosanto .
Eucaristía" con estas bellas palabras:

"Nuestro Salvador, en la última cena, la noche q
traicionaban, instituyó el sacrificio eucarístico de su cuerpo y
sangre, con el cual iba a perpetuar por los siglos, hasta su
vuelta, el sacrificio de la cruz, y a confiar así a su Esposa, La
Iglesia, el memorial de su muerte y resurrección: sacramento de piedad, signo de unidad, vínculo de caridad,
banquete pascual, en el cual se recibe como alimento a
Cristo, el alma se llena de gracia y se nos da una prenda de la
gloria venidera". (Liturgia, 47)

Este misterio es el mismo centro y la culminación de la vida
cristiana. Es "la fuente y la culminación de toda la predicación evangélica . . . el centro" de toda la asamblea de los
fieles. (Decreto sobre el ministerio y vida de los presbíteros,
5)

En cada Misa Cristo está presente, en su sacerdote y
especialmente en el pan y en el vino. En cada Misa su
muerte se convierte en una realidad presente, ofrecida como
nuestro sacrificio a Dios de una manera incruenta y sacramental. Nuestra redención se lleva a cabo cuantas veces
se celebre el Sacrificio de la Cruz en un altar.

**P. Pero, ¿no son esas palabras que hablan de comer el
Cuerpo y la Sangre de Jesús sólo simbólicas? Yo he
oído que las palabras de la consagración no piden una
interpretación literal de comer y beber el Cuerpo y la
Sangre de Cristo.**

En el griego del Nuevo Testamento, Marcos 14,22, Mateo
26,26 y Lucas 22,19 dicen lo siguiente: *Touto estin to soma*

(En las referencias más antiguas a las palabras de la nsagración — 1 Corintios 11,24 — las palabras de Pablo on un poco diferentes: *Touto mou estin to soma.*) En cada caso, la traducción es: *Este es mi cuerpo.* Los filólogos nos dicen que el verbo *estin* puede significar "es verdaderamente" o "es en sentido figurado". Pero la discusión de Pablo acerca de la Cena del Señor en 1 Corintios 11,23-24, que vino ocho años antes que el Evangelio de Marcos, refleja la creencia que la Presencia es *real,* no en sentido figurado. Además, la palabra griega que significa cuerpo y que se usó en Juan 6,52-58 es *sarx.* Esta palabra sólo significa cuerpo físico y los estudiosos dicen que es casi igual en significado que la palabra aramea *bisra* que el mismo Jesús usó. Pruebas adicionales de que la Iglesia primitiva creía que la Presencia es real provienen del Obispo Ignacio de Antioquía, quien escribió en el año 110 d C. Hablando de ciertas personas que tienen "opiniones heterodoxas" contrarias a la "mente de Dios", Ignacio dice: "Ellos se abstienen de la Eucaristía y de la oración porque ellos no confiesan que la Eucaristía es el Cuerpo de nuestro Salvador Jesucristo, Cuerpo que sufrió por nuestros pecados y el cual el Padre, en su Bondad, resucitó otra vez". (*Carta a los esmirnos,* 6, 2) Una interpretación figurativa y sólo simbólica de las palabras de la consagración no refleja la práctica de la Iglesia primitiva ni de las creencias católicas.

P. Pero ¿cómo pueden el pan y el vino convertirse en el Cuerpo y la Sangre de Cristo? Porque, después de todo, saben a pan y vino.

C.S. Lewis lo dijo muy bien cuando escribió: "El mandato, después de todo, fue 'Tomen y coman': no 'Tomen y comprendan' ". La presencia de Cristo en el pan y el vino, y como eso es realidad, es parte del misterio de la fe que llamamos la Sagrada Eucaristía. La enseñanza oficial católica es que *Cristo realmente está presente* en los elementos consagrados. La explicación conocida como la "transubstanciación" dice que la substancia del pan y el vino cambia y se convierte en el Cuerpo y la Sangre de Cristo, dejando sólo las apariencias, el sabor, etc. del pan y el vino. La transubstanciación aclara el cambio que ocurre, y continúa expresando la fe de la Iglesia mucho más que otras teorías al respecto. Pero la explicación llamada transubstanciación no es la enseñanza básica de la Presencia Real.

Un punto muy importante acerca de la Presencia Real es que no está limitada a la Misa y que, en la Misa, no está limitada a que Cristo está presente bajo las especies del pan y vino. El Vaticano II dice:

"Cristo está siempre presente a su Iglesia sobre todo en la acción litúrgica. Está presente en el sacrificio de la Misa, sea en la persona del ministro, 'ofreciéndose ahora por ministerio de los sacerdotes el mismo que entonces se ofreció en la cruz', sea sobre todo bajo las especies eucarísticas. Está presente con su virtud en los sacramentos, de modo que, cuando alguien bautiza, es Cristo quien bautiza. Está presente en su palabra, pues cuando se lee en la Iglesia la Sagrada Escritura, es El quien habla. Está presente, por último, cuando la Iglesia suplica y canta salmos, el mismo que prometió: 'Donde están dos o tres congregados en mi nombre, allí estoy yo en medio de ellos' (Mt 18,20)". (Liturgia, 7)

Para que los católicos o los fundamentalistas o cualquiera otra persona se concentren en la presencia de Cristo en los elementos de la Eucaristía excluyendo todas las otras maneras por las cuales Cristo está presente en nuestras vidas —

por ejemplo, su presencia en aquellos que tienen hambre (vean Mateo 25,35.42) — es torcer la fe en Jesús resucitado.

P. Si, como dice, los católicos creen que Jesús está presente a nosotros de muchas maneras, entonces ¿por qué los católicos aprecian las devociones como "las horas santas" o "la adoración del Santísimo Sacramento"?

Los católicos aprecian las devociones especiales al Santísimo Sacramento porque nosotros verdaderamente creemos que Jesús está presente a nosotros de esta manera. Por lo tanto, el orar ante el Santísimo Sacramento y adorar a Dios en el Sacramento es una práctica espiritual muy sana. Sin embargo, sería una desgracia si tales devociones lo hicieran creer a uno que el Santísimo Sacramento es el único lugar donde se puede encontrar a Dios y adorarlo. Como mencionamos en la discusión anterior, la Iglesia católica enseña que Dios también viene a nosotros de otras maneras — incluyendo las Escrituras, la comunidad y la creación.

P. ¿Por qué los católicos consideran la Misa un sacrificio?

La Misa se considera un sacrificio porque, como explica el Vaticano II, "obrando en nombre de Cristo y proclamando su misterio, (los presbíteros) unen las oraciones de los fieles al sacrificio de su Cabeza y representan y aplican en el sacrificio de la Misa, hasta la venida del Señor (vean 1 Cor. 11,26), el único sacrificio del Nuevo Testamento, a saber: el de Cristo, que se ofrece a sí mismo al Padre, una vez por todas, como hostia inmaculada (vean Hebr. 9,11-28)". (La Iglesia, 28)

P. ¿Por qué traer la idea de un sacrificio a un simple memorial?

El referirse a la Cena del Señor simplemente como "una sencilla comida memorial" es como olvidarse de sus comienzos. Para entender la Eucaristía tenemos que recordar que Jesús es un judío. El Templo judío tenía una liturgia de sacrificio que no tenía la sinagoga. Además del sacrificio del cordero Pascual de la Pascua de los hebreos, a menudo se celebraban otros sacrificios en los Templos. Uno de estos sacrificios era el *Zebah Todah* (*Zebah* = sacrificio; *Todah* = comunión) en el cual se compartía una comida con Dios. Parte del sacrificio *Zebah Todah* se quemaba en el altar, y parte se le daba a la persona que lo ofrecía para que lo comiera con sus amistades. El sacrificio también era una comida. Cualquier persona que considera la Misa como un sacrificio y no como una comida, o como una comida y no un sacrificio, ha perdido el contacto con nuestros orígenes judíos. La Oración Eucarística no es sólo una bendición en una comida; es un verdadero sacrificio. La comida es un sacrificio en la tradición del *Todah* judío.

La Cena del Señor fue, también, una comida Pascual, un rito de sacrificio judío para recordar que el ángel de la muerte "pasó sin tocar" las casas marcadas con la sangre de un cordero inocente (vean Exodo capítulo 12). Los cristianos llegaron a reconocer a Jesús como el Cordero — anticipado en el rito de la Pascua (Hebreos 9,15) — cuyo sufrimiento trajo nuestra salvación. Fue en esta comida pascual que los apóstoles comieron y bebieron su Cuerpo y su Sangre, "mi sangre, sangre de la Alianza, sangre que será derramada por una muchedumbre" (vean Marcos 14,24). La Cena del Señor, que ahora se celebra en cada Misa en memoria de Jesús, dirige nuestra atención a su última venida. Como Pablo escribió en 1 Corintios 11, "cada vez que comen de este pan y beben de la copa, están anunciando la muerte del Señor" — que fue verdaderamente un sacrificio por nuestros pecados — "hasta que venga".

En la Misa hoy día también hay otro aspecto de sacrificio que los católicos están apreciando más profundamente. Muchas personas le dan mucho significado al ofrecimiento personal que se hace en las ofrendas del pan y el vino. Estas ofrendas, "frutos de la tierra y la vid y del trabajo del hombre" (Ofertorio de la Misa), significan nuestros esfuerzos diarios de eliminar nuestro egoísmo para amar como Cristo ama. El sacerdote ofrece estas ofrendas en el nombre de Dios y de la comunidad, convertidas en el Cuerpo y la Sangre de Cristo. Así se celebran y afirman nuestros sacrificios diarios; así la Misa se convierte en una poderosa expresión ritual del Misterio Pascual que todos experimentamos en nuestra vida cristiana día a día. Este énfasis parece haber sido muy fuerte en la Iglesia primitiva.

P. Pero la Biblia dice muy claramente que el sacrificio ofrecido por Jesús es totalmente suficiente para quitar los pecados (Hebreos 10,11-12). Parece que los católicos van en contra de este pasaje de la Biblia al sacrificar a Cristo de nuevo día a día.

La doctrina católica afirma que ese sacrificio y muerte de Jesús nos libró de las garras del pecado. La Cena del Señor y, por consiguiente, la Misa, tiene su significado en esta muerte y sacrificio. No existe ningún conflicto con la cita de la Biblia.

Recuerden, la Misa se celebra porque el Señor nos mandó a que lo recordáramos juntos, comiendo y bebiendo su Cuerpo y Sangre (vean Lucas 22,19; 1 Corintios 11,25). La Misa, por lo tanto, no es una invención ritual, inventada por la Iglesia católica para que todo el mundo pierda el tiempo, sino una respuesta obediente al último mandato de Cristo. Aunque lo visible de este rito ha cambiado a través de los siglos, el recuerdo básico de la Cena del Señor en la Oración Eucarística ha cambiado muy poco.

P. ¿Cómo ha cambiado la Misa a través de los siglos?

Al principio, la Eucaristía se celebraba como parte de una comida regular — razón por la cual Pablo advirtió que no hubiera gula en 1 Corintios 11,17-22. Pero como indican Marcos 14,22-24 y Mateo 26,26-28, la Eucaristía comenzó a cambiar de una comida al principio de los años 70 d C. Jesús habló arameo en la Ultima Cena, pero la Misa se celebró en diferentes idiomas poco después. Uno de los cambios más importantes en cuanto a los idiomas ocurrió en el siglo tercero en Roma cuando, para el bien de la gente común, el Papa Calixto I cambió el idioma de la Misa del griego al latín. Durante el siglo segundo y tercero, los celebrantes no se ponían ninguna vestimenta especial. Cuando la Misa era celebrada en conección con una comida durante esos siglos, el sacerdote se sentaba en la mesa con los demás, igual que Jesús en la Ultima Cena. Después que el cristianismo se estableció legalmente en el siglo cuarto, grandes basílicas se construyeron por doquier; y la Eucaristía, por necesidad, tuvo que ser muy organizada porque grupos enormes iban a rendir culto. Al pasar los siglos, la Eucaristía desarrolló ceremonias culturales como los ritos griego, sirio y cóptico en el este cristiano y el rito milanés, galicano, mozárabe y céltico, con el rito romano en el oeste cristiano. Durante la edad media y después también, hubo muchas añadiduras al patrón básico del culto eucarístico. Hoy, sin embargo, debido a la reforma litúrgica del Vaticano II, el patrón básico de los primeros tiempos está de nuevo en evidencia: la Misa romana se compone de la Liturgia de la Palabra, seguida por la Liturgia de la Eucaristía o la Cena del Señor.

P. ¿Cuál es el papel del sacerdote durante la Misa?

El sacerdote dirige a la comunidad en el culto. El Vaticano II, describiendo lo que hacen el sacerdote y la comunidad, dice: "(el sacerdote) confecciona el sacrificio eucarístico en la persona de Cristo y lo ofrece en nombre de todo el pueblo a Dios. Los fieles, en cambio, en virtud de su sacerdocio regio, concurren a la ofrenda de la Eucaristía". (La Iglesia, 10)

P. ¿Es el sacerdote o la comunidad quien consagra el pan y el vino?

Es Dios, por la acción de su sacerdote, quien lo hace. Las oraciones oficiales de la Iglesia aclaran esto muy bien. En la Plegaria eucarística I, el sacerdote ora a Dios Padre:
Bendice y acepta, oh Padre, esta ofrenda
haciéndola espiritual,
para que sea
Cuerpo y Sangre de tu Hijo amado,
Jesucristo, nuestro Señor.
En la Plegaria eucarística III, el sacerdote ora:
Por eso, Señor, te suplicamos
que santifiques por el mismo Espíritu

estos dones que hemos separado para ti,
de manera que sean
Cuerpo y Sangre de Jesucristo,
Hijo tuyo y Señor nuestro,
que nos mandó celebrar estos misterios.

P. ¿Por qué es que sólo los sacerdotes y los obispos pueden presidir en la Eucaristía? ¿Por qué no pueden hacerlo otras personas que son santas?

Este privilegio es de estas personas por su papel u oficio en la Iglesia. Desde este punto de vista la santidad personal no tiene que ver con el asunto, aunque es deseable que hombres santos sean los ministros en la Misa. Esto no debe ser algo controversial porque las comunidades religiosas de todas las denominaciones reconocen papeles especiales para sus ministros.

P. ¿Son, entonces, los sacerdotes y obispos un tipo de mediadores entre Dios y la humanidad?

Ellos representan a Cristo y a la humanidad cuando presiden en la Misa, así que son mediadores en el sentido que tienen una posición entre los dos.

P. Pero 1 Timoteo 2,5 dice que sólo hay un Mediador entre Dios y la humanidad, y ese es Jesucristo.

Están hablando acerca de una mediación absoluta, la cual sólo se refiere a Jesucristo. "La verdad profunda de Dios y de la salvación del hombre que transmite dicha revelación, resplandece en Cristo, mediador y plenitud de toda la revelación", dice el Vaticano II. (Revelación, 2) Hablando de los sacerdotes — quienes están "unidos con los obispos en el honor del sacerdocio" — el Vaticano II continúa diciendo: "Participando, en el grado propio de su ministerio, del oficio del único Mediador, Cristo (vean 1 Tim. 2,5), anuncian a todos la divina palabra". (La Iglesia, 28) Y hablando de los sacerdotes y los fieles, el Concilio dice: "El sacerdocio común de los fieles y el sacerdocio ministerial o jerárquico, aunque diferentes esencialmente y no sólo en grado, se ordenan, sin embargo, el uno al otro, pues ambos participan a su manera del único sacerdocio de Cristo". (La Iglesia, 10) Igual que todos somos miembros del único Cristo, también somos todos mediadores en el único Mediador.

P. El tema de mediador resalta el papel que le dan a María como madre y mediadora.

Por favor, vayan al próximo capítulo.

5
LAS DEVOCIONES A MARIA Y A LOS SANTOS

P. ¿Por qué creen los católicos que las oraciones a María son mejores que otras oraciones?

La doctrina católica no dice nada acerca de la eficacia de las oraciones a María. Muchas oraciones católicas invocan la intercesión de María, y el Vaticano II animó a que "Ofrezcan todos los fieles súplicas apremiantes a la Madre de Dios y Madre de los hombres". (La Iglesia, 69) Pero esas oraciones intercesorias son dirigidas últimamente a Jesús, porque a la vez que honramos a la Madre de Cristo, "el Hijo, por razón del cual son todas las cosas . . . sea mejor conocido, amado, glorificado; y que, a la vez, sean mejor cumplidos sus mandamientos". (La Iglesia, 66)

P. Esta veneración que le tenemos a María, ¿no interfiere con nuestra reverencia por Cristo? ¿No es cierto que muchos católicos le rezan más a María que a Dios?

Como reconoció el Vaticano II, han habido devociones en exceso y hasta poco entendimiento con respecto a María en varios lugares y en épocas diferentes. Por eso es que los Padres del Concilio animaron a los teólogos y a los predicadores a que "expliquen rectamente los oficios y privilegios de la Santísima Virgen, que siempre tienen por fin a Cristo, origen de toda verdad, santidad y piedad". (La Iglesia, 67)

P. ¿Y qué del pasaje de 1 Timoteo 2,5 que dice que Jesús es nuestro único Mediador? ¿Por qué tratar a María como una mediadora también?

Nosotros hablamos de esto brevemente en nuestro último capítulo, reconociendo que sólo Cristo es el Mediador absoluto entre Dios y la humanidad. Sin embargo, la Biblia está llena de estímulos para que los fieles oren los unos por los otros (vean Mateo 5,44; Romanos 25,30; Efesios 6,18-20; 1 Timoteo 2,1-4). La Biblia, en otras palabras, nos impele a todos a que seamos mediadores por las oraciones de intercesión. María, y todos los que han muerto en Cristo, ahora gozan de una relación especial con el Señor. El pedirle a María o a un santo que rece por nosotros es parecido a pedirle a un amigo o a una amiga que rece por nosotros. En el caso de María, esta amiga es verdaderamente una persona especial — la mujer cuya obediencia llevó al nacimiento de Cristo. La oración a María está dirigida, en un final, a Cristo, su Hijo, quien es el Mediador entre nosotros y el Padre.

P. ¿Por qué no ir directamente a Cristo con nuestra oración?

La Iglesia católica anima con mucho énfasis a las personas a ir directamente a Cristo cuando oran. El que algunas personas decidan pedirles oraciones también a sus amigos y amigas del cielo — a María y a los santos, quienes constituyen la comunión de los santos — no es algo malo, siempre y cuando esta práctica esté enfocada en Cristo.

P. Pero la Biblia no venera a María de la misma manera que los católicos. De hecho, a veces Jesús parece ser frío y rudo con ella (Marcos 3,31-35; Lucas 2,46-50; Juan 2,1-4), y el profeta Jeremías en realidad la maldijo (Jeremías 7,18).

Primero que nada, Jeremías, al deplorar la devoción a la "reina del cielo", no se estaba refiriendo a María sino a Ishtar, la diosa asiria de la fertilidad.

Segundo, los pasajes del Evangelio a los cuales nos referimos no indican una falta de respeto por parte de Jesús sino su propia conciencia de una misión que va más allá de las conveniencias sociales. El se aprovechó de esos momentos no para reprender a María, sino para que ella y otros estuvieran más conscientes de su verdadera misión.

Por último, debemos decir que las Escrituras veneran a María. A ella se le dice "bendita . . . entre todas las mujeres" y "la madre de mi Señor" (Lucas 1,42-43) y "todas las generaciones" la llamarán "bendita" (Lucas 1,48). Jesús la obedecía y obedecía a José (vean Lucas 2,51) y con amor se encargó de ella y de sus necesidades hasta en la Cruz (vean Juan 19,26-27). Ella es la única mujer mencionada por su nombre de todas las personas que esperaban por el Espíritu Santo (vean Hechos 1,14). Estas referencias indican un lugar muy especial para María en el corazón de la Iglesia primitiva.

P. ¿Por qué los católicos exageran esta veneración especial a María en la Biblia manteniendo además que ella

fue siempre virgen? Mateo 1,24-25 sugiere que ella y José tuvieron relaciones matrimoniales después del nacimiento de Jesús y se alude a los hermanos y hermanas de Jesús en Mateo 13,55-56 y en otros pasajes también.

Mateo 1,24-25 principalmente dice que José no es el padre de Jesús. La frase "sin que tuvieran relaciones, dio a luz un hijo" no necesariamente significa que las relaciones matrimoniales comenzaron después del nacimiento de Jesús. Sólo enfatiza la realidad de la concepción virgen de Jesús.

En Mateo 13,55 y otros pasajes que aluden a los hermanos y hermanas de Jesús, no se aclara que esos parientes que son mencionados son hijos de María. Jesús es el único hijo de María que se menciona en las Escrituras. El significado judío de la palabra griega en este caso es *hermanos,* la cual incluye parientes tanto como hermanos y hermanas en su significado. Si Jesús hubiera tenido hermanos y hermanas, uno debe preguntarse por qué le encomendó a María a Juan (vean Juan 19,27). Por último, la sagrada Tradición declara la virginidad total de María en escritos que datan desde el año 358 d C. (vean *Discursos contra los arianos,* 2, 70, escritos entre los años 358-362 d C. por San Atanasio, obispo de Alejandría y un Padre de la Iglesia).

El honrar a María como "Siempre Virgen" se arraiga más en su receptividad total a Dios y en su devoción a su Hijo que en su celibato. Como dijo John McHugh en su libro *The Mother of Jesus in the New Testament,* "no es tanto por su virginidad física sino porque ella le dio a Jesús el amor individual de su alma que la Iglesia la engrandece como *Virgo veneranda, Virgo praedicanda, Virgo fidelis".* Ella claramente reconoció las gracias que recibió como un regalo de Dios, y sin El hubiera sido, como somos nosotros, manchada por el pecado.

Sin embargo, se duda que María o que la Iglesia primitiva hubieran pensado en la Inmaculada Concepción. Los comienzos de este dogma se aluden en el pasaje de la Anunciación, donde el ángel Gabriel la llama "llena de gracia" (Lucas 1,28) y en las citas bíblicas que declaran que todos somos pecadores (vean Romanos 5,12-14) y que Jesús está exento de pecado (vean Hebreos 4,15). Con el tiempo, fue necesario explicar como Jesús, alguien "sometido a las mismas pruebas que nosotros, a excepción del pecado", pudo haber nacido de una mujer y permanecer libre del pecado original. Por eso fue que la Iglesia proclamó que María, desde el momento de su concepción, estuvo libre del pecado original y poseyó la gracia justificante de una manera similar a la de nuestros primeros padres y de su Hijo. Por esto es que la llamamos la Nueva Eva.

Para que no nos sintamos como que María recibió gracias que se nos niegan a nosotros, debemos aclarar que el bautismo rompe las garras del pecado original de la misma manera que lo hizo la Inmaculada Concepción de María. Y aún así, ¿quién entre los bautizados negará que tenemos necesidad de un Salvador?

P. ¿La Asunción de María está de alguna manera relacionada con estas doctrinas increíbles?

Estas "doctrinas increíbles" eran parte de como la Iglesia entendía la historia de la salvación durante los siglos antes de la Reforma protestante. Aunque se afirmaron solemnemente durante los últimos 130 años, los dogmas de la

Inmaculada Concepción y la Asunción de María no son "invenciones" católicas nuevas.

La Asunción de María viene de la veneración que se le tenía a su tumba vacía. Las suposiciones de esta creencia se expresaban muy claramente a principios del séptimo siglo. Básicamente, esta creencia dice que "María, siendo perfectamente redimida, ya ha alcanzado la perfección del *cuerpo* y del alma" (Karl Rahner/Herbert Vorgrimler, *Dictionary of Theology*). La Asunción de María nos asegura nuestra propia resurrección corporal. Pero nosotros, quienes somos concebidos en estado de pecado original, tenemos que esperar los frutos finales del bautismo, la última resurrección de los muertos.

P. Si María y Jesús son los únicos que ahora gozan de una experiencia total de gracia, ¿por qué los católicos también veneran a los santos?

El Vaticano II examina las razones tradicionales para la veneración de los santos en la declaración siguiente:

"Mirando la vida de quienes siguieron fielmente a Cristo, nuevos motivos nos impulsan a buscar la ciudad futura (vean Hebreos 13,14 y 11,10) y al mismo tiempo aprendemos el camino más seguro por el que, entre las vicisitudes mundanas, podremos llegar a la perfecta unión con Cristo o santidad, según el estado y condición de cada uno. En la vida de aquellos que, siendo hombres como nosotros, se transforman con mayor perfección en imagen de Cristo (vean 2 Corintios 3,18), Dios manifiesta al vivo ante los hombres su presencia y su rostro. En ellos El mismo nos habla y nos ofrece un signo de su reino, hacia el cual somos atraídos poderosamente con tan gran nube de testigos que nos envuelve (vean Hebreos 12,1) y con tan gran testimonio de la verdad del Evangelio.

"Veneramos la memoria de los santos del cielo por su ejemplaridad, pero más aún con el fin de que la unión de toda la Iglesia en el Espíritu se vigorice por el ejercicio de la caridad fraterna (vean Efesios 4,1-6). Porque así como la comunión cristiana entre los viadores nos acerca más a Cristo, así el consorcio con los santos nos une a Cristo, de quien, como de Fuente y Cabeza, dimana toda la gracia y la vida del mismo Pueblo de Dios. Es, por tanto, sumamente conveniente que amemos a estos amigos y coherederos de Cristo, hermanos también y eximios bienhechores nuestros; que rindamos a Dios las gracias que le debemos por ellos; que 'los invoquemos humildemente y que, para impetrar de Dios beneficios por medio de su Hijo Jesucristo, nuestro Señor, que es el único Redentor y Salvador nuestro, acudamos a sus oraciones, protección y socorro' ". (La Iglesia, 50)

P. Pero el Salmo 6,5 dice que "después de muerto nadie te recuerda". Si esto es verdad, entonces ¿por qué creer que los santos pueden oír nuestras oraciones e interceder por nosotros?

Este salmo fue escrito cientos de años antes de que existiera el pensamiento judío y cristiano acerca de la resurrección de los muertos y de que saliera a relucir lo que se pensaba de la vida eterna. El salmista, como muchos otros de los escritores del Antiguo Testamento, no podía anticipar la tradición desarrollada que se pondría en evidencia más tarde en el Nuevo Testamento.

P. ¿No es el asunto de reconocer a santos un poco traído por los pelos? La Biblia usa la palabra *santos*

para referirse a los creyentes. ¿Por qué los católicos usan la palabra sólo cuando hablan de hombres y mujeres santos?

La veneración de hombres y mujeres cristianos santos data del principio del siglo tercero. Es posible que el uso de la palabra *santo* se desarrolló con el tiempo para indicar sólo aquellos hombres y mujeres quienes eran modelos ejemplares de lo que significaba ser un creyente. Sin embargo, es aceptable usar la palabra en el sentido bíblico — eso es, en referencia a todos los creyentes.

P. ¿Cómo llega una persona a ser reconocida como santa?

Una persona llega a ser reconocida como santa al ser canonizada. La canonización es una declaración del papa que dice que la persona que murió como mártir y/o practicó la virtud cristiana hasta el punto del heroísmo, ahora está con Dios y merece que los fieles le rindan honor y que la imiten. Esta declaración se hace sólo después de pasar por un proceso previo llamado la beatificación y también después de investigaciones muy detalladas de la vida, los escritos y los milagros que se le atribuyen a la intercesión de esa persona. (En el caso de una persona que murió como mártir, no se requiere ningún milagro.) San Martín de Turs, quien murió en el año 397 d C., fue un santo, no mártir, venerado. La Iglesia considera santos a todas las personas quienes están en el cielo, no solamente a las que han sido canonizadas oficialmente y no solamente a los católicos y otros cristianos.

P. Las devociones a algunos santos no parecen estar conformes con los criterios mencionados. ¿Recuerda a San Cristóbal, patrón de los viajeros? ¡El ni siquiera existió! ¿Y qué de San Jorge, quien mató a los dragones?

En los primeros siglos, la aclamación popular era suficiente para que una persona fuera venerada como santa. De hecho, existen muchos ejemplos de leyendas y devociones que no están basadas en hechos históricos. Los estudiosos católicos han descubierto la verdad acerca de un número de estos casos y siguen trabajando para descubrir la verdad acerca de otros. El proceso detallado y rigoroso que se usa para canonizar hoy día no se usó siempre. Los pasos y las normas del proceso actual se encuentran en el decreto de la canonización promulgado por el Papa Pablo VI en el 1969.

P. ¿Y qué hay acerca de esta tontería de los santos patrones?

Muchos santos llegaron a identificarse con una misión o causa especial por la cual trabajaron toda la vida. En parte, ésta es la razón por la cual los cristianos que trabajan por la misma causa buscan la protección de esos santos. Estos cristianos saben que ese santo ha pasado por lo mismo que ellos están pasando y que comprenderá nuestros continuos esfuerzos para realizar el ideal por el cual el santo trabajó. Un buen ejemplo de un santo patrón de las buenas obras es San Vicente de Paul, quien trabajó en favor de los enfermos, los ancianos, los convictos y los bebés abandonados por sus padres.

P. Pero, ¿para qué molestarse con este asunto de la intercesión? Como dice Hebreos 4,15-16, ahora tenemos en Jesucristo uno que conoce y entiende completamente nuestra situación humana y quien intercede constantemente por nosotros a la derecha del Padre. ¿Quién necesita más que esto?

Lo que dice es verdad, y hoy día más católicos que nunca antes van directamente a Jesús en oración en vez de ir por medio de María o de los santos. Este cambio reciente se debe probablemente a una apreciación creciente por la humanidad de Jesús, algo que muchos teólogos de los siglos anteriores tendían a quitarle importancia. El Jesús humano es quien nos acerca a Dios; el tener en menos la humanidad de Jesús produce en la gente un sentimiento de que El está distante y que no podemos acercarnos. Y esto produce una mayor veneración de los santos. Aunque una Cristología está echando buenas raíces, sería una lástima si perdieramos nuestra apreciación de nuestros amigos y parientes en la comunión de los santos.

P. ¿Por qué hay estatuas y cuadros en las iglesias católicas? ¿Es que los católicos no saben que el adorar las imágenes va en contra del primero de los diez mandamientos, el cual condena la idolatría?

Los católicos no adoran estatuas o cuadros como ídolos. El propósito del arte cristiano en la Iglesia es ayudar a que dirijamos nuestras mentes y corazones a Dios. Igual que una fotografía de un familiar nos ayuda a recordar su presencia, también las estatuas, los cuadros y otro tipo de arte nos recuerdan la presencia de Dios o el ejemplo santo de María o de algún santo. De esta misma manera, las velas y el incienso nos recuerdan a Cristo, la Luz del mundo y su presencia misteriosa entre nosotros.

P. Algunos católicos se ponen escapularios y medallas, creyendo que estos artículos los pueden salvar. Esto parece ser una superstición. ¿La Iglesia católica enseña esto?

No, la Iglesia católica no enseña que los escapularios y las medallas van a salvar el alma de una persona. Es verdad que existen varias devociones populares que prometen a aquellos que lleven escapularios y medallas que tendrán una muerte feliz o que no irán al infierno. Estas devociones no representan la enseñanza católica con respecto a la salvación. Si estas prácticas tienen algún mérito, es que les recuerdan a las personas que se los ponen que han resuelto orar por ciertas cosas (por ejemplo, la conversión de Rusia). Pero los artículos, en sí, no salvan; más bien, es la fe de la persona simbolizada al llevar el escapulario o la medalla la que salva.

P. Algunas de mis amistades católicas coleccionan indulgencias. Ellas creen que diciendo ciertas oraciones o haciendo ciertas devociones especiales ellas van a reducir su estadía en el purgatorio por semanas o meses. ¿La Iglesia católica todavía da indulgencias?

Sí, todavía es posible encontrar estampas y oraciones que prometen un número de días de indulgencia. A menudo, también se usa la promesa de una indulgencia para vender estampas. Y, para estar seguros, hay muchos católicos hoy día que acumulan indulgencias como un tipo de cuenta de ahorros espiritual. Esto no representa un entendimiento correcto de las indulgencias.

La práctica de conceder indulgencias se basa en la creencia de los católicos que nuestras oraciones ayudan a aquellos que están en el purgatorio. No cabe duda de que nuestras oraciones y devociones fortalecen el alma para que no merezca tanto el purgatorio. Pero es engañoso considerar algunas oraciones como equivalentes a un número específico de días fuera del purgatorio debido a que la experiencia que uno tiene del tiempo aquí en la tierra va a ser muy diferente a la experiencia del tiempo en la vida venidera. También sería erróneo vender las indulgencias porque el verdadero valor de una indulgencia tiene que ver con el desarrollo espiritual que uno ha alcanzado por la oración y la disciplina. Por lo tanto, lo mejor sería que los católicos oraran y practicaran sus devociones por amor a Dios e interés por el bienestar de la humanidad (lo cual incluye a las almas del purgatorio y la propia alma también) en vez de por un deseo de acumular indulgencias para tener una seguridad espiritual.

6
EL ORIGEN HUMANO
Y EL DESTINO

P. ¿Por qué enseñan la teoría de la evolución en las escuelas católicas?

Los científicos consideran la teoría de la evolución como una explicación creíble de las diversas formas de vida. Los maestros de ciencia católicos serían muy negligentes si ellos no expusieran a sus estudiantes a esa teoría.

P. ¿No choca la evolución con la creencia en Dios como el Creador?

La Iglesia católica condena todas las filosofías, incluyendo las basadas en la teoría de la evolución, que niegan la dependencia de las criaturas en Dios. Pero la teoría de la evolución no necesariamente lleva a conclusiones ateas, como dijo Darwin muchas veces. Los teólogos católicos hoy día afirman la creencia en Dios como el Creador al mismo tiempo que dicen que la evolución es el proceso *por el cual* Dios creó.

P. ¡Pero el libro de Génesis dice que Dios creó el mundo en seis días! Los que creen en la evolución biológica mantienen que tomó billones de años para que la vida evolucionara hasta el presente. ¿Qué debemos creer — la palabra de Dios o la palabra de científicos humanos falibles?

Estudiosos de la Biblia de muy buena reputación — judíos, protestantes y católicos — están convencidos de que los autores del Génesis no quisieron escribir, y no escribieron, un tratado científico de la creación del universo. Lo que ellos escribieron es un libro que expone verdades religiosas. El proceso de la creación descrito en Génesis es para una impresión del mundo que ya no es adecuada. Además, los estudiosos de la Biblia nos dicen que el recuento de la creación en seis días es una manera mitológica de admitir que la gran variedad de formas de vida, animadas e inanimadas, le deben su existencia a la Palabra creadora de Dios y que la humanidad es la joya de la creación. Cuando uno se da cuenta de que el recuento de la creación en seis días nunca tuvo como intención presentar un punto de vista científico e histórico, el conflicto aparente con la teoría de la evolución desaparece.

El magisterio católico, al igual que las enseñanzas de la mayoría de otros grupos cristianos y judíos, mantiene que la teoría de la evolución es perfectamente compatible con las creencias religiosas. Observaciones científicas de la evidencia que Dios nos ha dado (vean Romanos 1,20), que llevó a la teoría de la evolución, ofrece una explicación del sentido del universo de Dios.

P. ¿Cómo puede cualquier cristiano creer que algo en la Biblia es un mito?

Usted está igualando un mito con una falsedad o con una tontería de la imaginación. A las historias tradicionales, las parábolas y las alegorías se les define usando una definición completamente diferente de la palabra mito (vean el diccionario). Como tales, los mitos comunican verdades, pero de una manera simbólica o metafórica. No se supone que interpretemos los mitos de una manera literal. Por ejemplo, la parábola de Jesús del sembrador y las semillas (vean Mateo 13,4-9) se interpreta de una manera simbólica por todos — ¡hasta los fundamentalistas! Desde hace tiempo los estudiosos de la Biblia de muchas denominaciones cristianas reconocieron las cualidades mitológicas del Génesis, aunque su revelación *del lugar de Dios como el Creador no se disminuye por esto.*

P. ¡Esto parece algo peligroso! ¿Por qué no simplemente interpretar la Biblia literalmente?

¡Unas interpretaciones totalmente literales sería admitir muchas cosas absurdas! ¿Realmente creeríamos, por ejemplo, que Dios tiene ojos como palomas, pelo como un rebaño de cabras, cachetes como granadas, etc., como dice el Cantar de los Cantares (4,1-5)? Obviamente esto es una poesía y se debe interpretar como tal. La Biblia también está compuesta de canciones, proverbios, oraciones, profecías, parábolas, epístolas, evangelios, genealogías y narraciones históricas. La interpretación bíblica debe tomar en cuenta el tipo de literatura que se estudia y también las circunstancias históricas y culturales durante las cuales se escribió el escrito. Sólo entonces podremos saber las intenciones del autor y entender el significado de su trabajo a la luz de las Escrituras en su totalidad (Revelación, 12).

P. Así que dice que el Génesis es un mito literario y no está en conflicto con la evolución. ¿Entonces dice que los seres humanos evolucionaron de los monos?

La evidencia de los fósiles, el DNA, la anatomía y la fisiología establece innegablemente nuestra relación con otros primados. Pero esto no le quita nada al hecho de que estamos conscientes de ser criaturas quienes podemos dialogar con la consciencia suprema de la cual somos "imágenes" (Génesis 1,27), que somos criaturas quienes le podemos decir a Dios, "¿Quién es el hombre, que te acuerdas de él . . . para que de él cuides?" (Salmo 8,4)

P. ¿Si los seres humanos evolucionaron, entonces qué hacemos con la historia de Adán y Eva?

La historia de la pérdida de la gracia de nuestros primeros padres es parte de la divina revelación. Que esta pérdida vino por medio de dos personas no es una parte esencial para entender esto. El nombre *Adán* significa "hombre" o "de la tierra"; *Eva* significa "compañera". Este simbolismo de sus nombres nos sugiere que esta historia es verdaderamente la historia de toda la humanidad.

P. ¿Cómo puede considerar a Adán y Eva como personas simbólicas y aceptar la doctrina del pecado original?

Las enseñanzas de la Iglesia en cuanto al pecado original (la cual es aceptada por la mayoría de los fundamentalistas) fueron definidas antes de que nosotros entendiéramos mucho acerca de nuestros orígenes. Era inevitable que los primeros escritores de la Iglesia sostuvieran un contexto de unidad de origen (sólo dos padres) para su enseñanza. La evolución sugiere un origen contrario (padres múltiples) y un desarrollo gradual de características humanas. Los teólogos modernos han tenido que enfrentarse con dos alternativas con respecto al pecado original: (1) condenar la teoría de la evolución mientras se aferraban a una vista científica errónea de la naturaleza, o (2) tratar de explicar cómo la teoría de padres múltiples puede ser compatible con el pecado original.

La respuesta inicial de la Iglesia fue el rechazo de la evolución, en parte porque algunos de los primeros creyentes en la evolución le daban una interpretación atea a la teoría. Cuando los científicos recogieron una gran cantidad de información que confirmaba la hipótesis de la evolución, los teólogos comenzaron a considerar con más libertad la alternativa de padres múltiples. Aunque no se han afirmado totalmente las explicaciones de padres múltiples, los teólogos han indicado que Dios puede haber escogido sólo a un hombre y a una mujer de una población semi humana para que tuvieran la conciencia de su imagen. Con esto en mente, la historia de Adán y Eva se afirma. Su pecado se esparce para afectar a otros con los cuales ellos y su descendencia eventualmente se entrecruzaron. Otras explicaciones proponen un desarrollo gradual de una consciencia espiritual con su correspondiente consciencia de una libertad moral. Con esto en mente, la libertad no fue usada como es debido por un ser humano o quizás por muchos seres humanos, y el resultado fue que eventualmente todos hemos sido afectados y perdido la inocencia, la justicia y la inmortalidad para la cual fuimos destinados.

P. ¡Todas estas ideas parecen ser traídas por los pelos! ¿Por qué no simplemente olvidarse de la teoría de la evolución y usar como nuestro modelo la teoría de la creación científica que por lo menos va bien con el Génesis?

La falta de espacio no permite dar una explicación completa a esta pregunta. Será suficiente decir lo siguiente:

1. La historia de la creación del Génesis no debe tomarse literalmente, debido a su naturaleza mítica y literaria. Es, por lo tanto, innecesario buscar una confirmación científica de qué sucedió en seis días.

2. La teoría de la evolución es apoyada por datos que provienen de varias disciplinas científicas, aunque muchas preguntas todavía no tienen respuestas.

3. La teoría de la creación científica se basa en datos muy débiles y erróneos y se olvida de muchos hechos que la contradicen.

4. No existe nada en la creación que sugiere que el mundo fue creado por *un solo Dios,* como dicen los que defienden la teoría de la creación científica. Las religiones de la naturaleza generalmente son politeístas, lo cual indica la deuda que la creación científica le debe a una conclusión anterior basada en el Génesis. Esto, como más, ¡es señal de una ciencia muy chapucera!

P. ¿Pero cómo pudo Dios haber estado envuelto en la evolución? ¿No le quita poder a Dios esta creencia?

Los católicos creen que Dios creó la naturaleza para que funcionara de acuerdo a ciertas leyes — leyes que la ciencia puede explicar. El deísmo, el cual fue muy popular en los siglos diecisiete y dieciocho, mantenía que la creación se desarrolla por separado de su Creador desinteresado. Veía a Dios como un Relojero divino que le dio cuerda al universo y lo dejó para que funcionara solo. El teísmo católico, en contraste, afirma que Dios se mantiene activo en la creación. Sin embargo, Dios por lo general no viola las leyes que estableció. Más bien, El moldea la creación por el poder de su amor, especialmente amando a las personas. Esta perspectiva no deshonra el poder de Dios y también afirma su paciencia infinita en cuanto al desarrollo de su creación.

P. Entonces, ¿creen los católicos que la Segunda Venida es sólo un mito acerca de la maduración gradual de la humanidad?

No. Los católicos creen que Cristo será revelado en su gloria en un momento en el futuro. Esta manifestación producirá la madurez de la humanidad mientras que afirma lo que ya ha sucedido. Sin embargo, nosotros no profesamos saber cuándo o cómo esto sucederá (vean Mateo 24,42).

En un pasaje notable lleno de esperanza para todo lo humano, el Vaticano II se dirigió a la pregunta de cuándo será la Segunda Venida y expresó el punto de vista de la Iglesia: "Ignoramos el tiempo en que se hará la consumación de la tierra y de la humanidad. Tampoco conocemos de qué manera se transformará el universo. La figura de este mundo, afeada por el pecado, pasa, pero Dios nos enseña que nos prepara una nueva morada y una nueva tierra donde habita la justicia, y cuya bienaventuranza es capaz de saciar y rebasar todos los anhelos de paz que surgen en el corazón humano".

Mientras tanto, en el tiempo que nos queda, "crece el cuerpo de la familia humana, el cual puede de alguna manera anticipar un vislumbre del siglo nuevo".

Después que hayamos propagado "los bienes de la dignidad humana, la unión fraterna y la libertad; en una palabra, todos los frutos excelentes de la naturaleza y de nuestro esfuerzo ... volveremos a encontrarlos limpios de toda mancha, iluminados y transfigurados ... *El reino está ya misteriosamente presente en nuestra tierra; cuando venga el Señor, se consumará su perfección"*. (La Iglesia en el mundo actual, 39)

Ese reino ya está presente en misterio. El día ya ha empezado cuando Dios "Enjugará toda lágrima de sus ojos y ya no existirá ni muerte . . .". El día ya comenzó cuando El le dice a todos los seres vivientes: "Ahora todo lo hago nuevo. . . . Ya está hecho. Yo soy el Alfa y la Omega, el Principio y el Fin". (Apocalipsis 21,4-6)

P. Nuestros profetas bíblicos han interpretado los discursos de la Segunda Venida de manera que indican un evento que va a suceder. ¿Por qué los católicos rechazan las palabras de nuestros profetas?

Quizás nuestro Señor volverá pronto, quizás no. Lo que sí es seguro es que la base para la profecía bíblica fundamentalista viene de un entendimiento erróneo de la naturaleza de la cita bíblica en discusión.

P. ¿Qué significa cuando dice que malinter pretamos las Escrituras que se refieren a la Segunda Venida?

Las palabras de Nuestro Señor referentes a la Segunda Venida son parte de un tipo de literatura llamada apocalíptica. El libro de Daniel en el Antiguo Testamento, un mensaje de esperanza para los judíos que sufrían persecuciones a manos del rey sirio Antiochus, es un ejemplo perfecto de este tipo de literatura. La literatura apocalíptica, como el libro de Daniel, el Apocalipsis en el Nuevo Testamento y los relatos de la Segunda Venida en los evangelios sinópticos (vean los capítulos Marcos 13, Mateo 24 y Lucas 21) usan símbolos impresionantes para comunicar su mensaje. Los teólogos católicos mantienen que estos escritos son principalmente un reto a las comunidades a que continúen confiando en un Dios soberano aun en momentos de persecución. Las visiones de la conquista final por Dios que se describe en estos escritos son más bien un llamado a la esperanza que un escrito que predice el futuro.

P. ¿Dice entonces que los símbolos en el libro del Apocalipsis no tienen nada que ver con nuestra época?

Lo ingenioso del libro del Apocalipsis es que sus dragones, prostitutas, plagas y otros símbolos tienen que ver con todas las épocas. No cabe duda que la Iglesia primitiva lo tomó como una historia de sus propias luchas con el Imperio romano. Las generaciones posteriores lo consideraron como algo relevante a sus propias situaciones. En nuestra época existen crisis y circunstancias a las cuales le podemos aplicar los símbolos del Apocalipsis.

Los teólogos católicos no se oponen al uso de la literatura apocalíptica para avivar nuestras esperanzas en cuanto a la Segunda Venida. Lo que sí es reprensible es el uso de la literatura apocalíptica para asustar a la gente para que "crean" al presentarles un mundo a punto de terminar y del cual los cristianos serán "raptados". Los católicos también se oponen al fatalismo, en cuanto a ayudar a cambiar el mundo, que sigue al pie de estas creencias. Las personas que están demasiado preocupadas con el fin del mundo puede que estén ciegas a las injusticias que tienen frente a frente. Lo más probable es que esas personas no respondan a las necesidades de sus prójimos en el presente. Pero de eso es lo que se va a tratar el Juicio Final. Vamos a ser juzgados principalmente por la manera en que hemos tratado a nuestro prójimo.

P. ¿Dice que los cristianos no van a ser raptados antes del gran período de tribulación? ¡Mateo 24,41 y 1 Tesalonicenses 4,16-17 claramente afirman esta promesa de Cristo a su Iglesia!

A través de los siglos miles de mártires cristianos no escaparon las tribulaciones. Ni tampoco el Hijo de Dios. ¿Por qué esperan los cristianos hoy día recibir este favor especial?

Las Escrituras de las cuales hablamos pueden ser interpretadas como lo hacen los fundamentalistas sólo si se sacan de su contexto. Por ejemplo, después de Mateo 24,41 siguen unas exhortaciones a permanecer despiertos y a ser servidores fieles de la creación de Dios (vean Mateo 24,42-51).

Esa referencia a los que van a ser tomados y los que no, en el versículo 41, sólo sirve para enfatizar que Dios no va a juzgar por las apariencias exteriores. No es una promesa de eliminar a la Iglesia del mundo.

Pablo escribió 1 Tesalonicenses a principios de los años 50 d C. Es el libro más antiguo del Nuevo Testamento e indica claramente una creencia de la Iglesia primitiva que Cristo volvería pronto. 1 Tesalonicenses 4,16-17 es un intento para explicar lo que le pasará a los vivos y a los muertos cuando vuelva el Señor, pero 1 Tesalonicenses 4,13 nos da el contexto de esta enseñanza al asegurar a la comunidad de que aquellos que han muerto no se van a separar de los vivos.

Cuando se leen en el contexto correcto, estas citas no pueden ser recordadas para avivar la teología de raptos y tribulaciones que los fundamentalistas proponen.

P. ¿Y qué de la higuera que florece en Mateo 24,32-33? ¿No parece que las crisis de hoy — armas nucleares, contaminación, superpoblación, etc. — son como un florecer del mal que sólo puede ser eliminado por la intervención de Dios?

Las crisis de hoy son únicas porque si no tenemos éxito al tratar de buscarles soluciones, el resultado puede ser el fin de la vida en este planeta. Aun así, los cristianos nunca deben dudar que el Espíritu Santo puede darnos fuerzas y puede enseñarnos a cambiar situaciones de pecado en buenas situaciones. Necesitamos desesperadamente la intervención de Dios para salvarnos, pero puede que El va a obrar *por medio* de nuestra naturaleza humana en vez de a pesar de ella. Este es el verdadero significado de la Encarnación: la gracia que transforma la naturaleza. Por lo tanto, el creer en la Segunda Venida no debe conducir a un esperar pasivamente por el regreso del Señor (vean 2 Tesalonicenses 3,6-12). Más bien, debemos trabajar y orar constantemente para realizar el reino de Dios en la tierra como en el cielo (vean Mateo 6,10) hasta que Cristo regrese — no importando lo que esto significa o cuándo o cómo se manifestará.

EPILOGO

LLEVANDONOS BIEN CON NUESTROS FAMILIARES FUNDAMENTALISTAS

La mayoría de las personas tienen una actitud de vive y deja vivir en cuanto a las creencias religiosas de los demás. Podemos no estar de acuerdo con los demás, pero generalmente respetamos el derecho de la otra persona de creer lo que quiera creer. Parece que esto no es lo que ocurre en el caso de muchos fundamentalistas. Ellos quieren que todos crean lo mismo que ellos creen, y a menudo condenan y se burlan de las creencias religiosas de los demás — especialmente las creencias de los católicos.

El vivir y trabajar con fundamentalistas puede ser algo muy difícil. Generalmente, ellos creen que las personas que no han "vuelto a nacer" de la manera que ellos entienden la conversión no son verdaderamente cristianas. Por lo tanto, ¡usted no está salvo! Además, ellos creen que Cristo volverá pronto para recoger a la Iglesia, y si alguien no está salvo cuando El venga, esa persona tendrá que pasar por una guerra terrible aquí en la tierra. Esa persona estará frente a

El en el Juicio Final y El dirá: "¡Aléjate de mí: no te conozco!"
Esto es lo que los fundamentalistas creen, así que, por
supuesto que ellos quieren que los demás crean lo mismo
que ellos creen. En verdad, ellos realmente creen que están
haciéndoles un favor a los demás al tratar de convertirlos.

Sin embargo, si usted es un católico comprometido, usted
puede que se sienta enojado por esto. Usted puede pensar:
"¡Cómo se atreven insultar a María, o al Papa o, qué Dios no
lo quiera, hasta el Santísimo Sacramento!" A nadie le gusta
que lo critiquen — especialmente en lo concerniente a
nuestras creencias religiosas. Sin embargo, eso es pre-
cisamente lo que los católicos sienten a menudo cuando los
fundamentalistas se proponen salvarnos.

Además de forzar relaciones al tratar de "salvarnos" o
criticando nuestras creencias religiosas, los fundamentalistas también ponen en peligro la vida familiar al condenar
algunos días especiales que son importantes para celebrar
actividades familiares. Por ejemplo, algunos de ellos condenan la Navidad porque la Iglesia celebra el nacimiento de
nuestro Señor el mismo día que se celebraba la fiesta
pagana del sol. Ellos dicen que la Navidad es una fiesta
pagana, pero ¡por supuesto que no lo es! Aunque la Iglesia
se "apoderó" de ese día, nuestro enfoque en la Navidad
todavía es el nacimiento de Jesús. Algunas veces los fundamentalistas hasta planean conferencias durante estos
días especiales para que sus miembros no se unan a sus
familias. ¡Esto puede causar mucha frustración!

Sin embargo, lo que más descorazona de todo es la
experiencia de oír a un ex-católico fundamentalista criticar a
la Iglesia católica. Esto es muy duro especialmente para los
padres, a quienes sus hijos, conversos recientes al fundamentalismo, les dicen que la religión católica no es buena.
Algunas veces estos padres han hecho grandes sacrificios

para mandar a sus hijos a escuelas católicas y es natural que se sientan desilusionados cuando sus hijos rechazan la fe.

Pero, ¿qué debemos hacer cuando nuestros familiares se convierten en fundamentalistas? ¿Debemos discutir con ellos o tratar de que ellos se conviertan al catolicismo o quizás hacer lo contrario e ir a la iglesia con ellos? ¡No! Lo que debemos hacer es practicar destrezas básicas de relaciones, las cuales discutiré aquí.

1. **Respeten el derecho de los fundamentalistas de ofrecerle culto a Dios como él o ella cree debido.** Padres, este consejo es para ustedes también. Aunque ustedes han tratado de criar a sus hijos para que sean buenos católicos, ustedes tienen que respetar su derecho a escoger su propia religión cuando son mayores. Por supuesto, sería bueno si ellos también respetaran nuestro derecho a ser católicos. ¿Por qué no pedir que exista este respeto? ¡Y díganle a sus familiares fundamentalistas que ustedes también respetan sus selecciones! Esto significa que ustedes nunca deben *criticar* su fe — ¡aunque ellos continuen criticando la suya! Ustedes no tienen que estar de acuerdo con ellos — ni ellos con ustedes — pero es posible respetarse mútuamente sin estar de acuerdo. Quizás este respeto será lo que se necesite para disminuir las tensiones que existen en las relaciones con los fundamentalistas.

2. **Siempre saquen tiempo para escuchar.** El escuchar es el comienzo del entender, así que quizás aprenderán algo. Traten de ver las cosas desde el punto de vista de los fundamentalistas. Digan, "Lo que dices es . . . (repitan el mensaje otra vez)" o "Lo que sientes es . . ." Hagan un esfuerzo para entender totalmente lo que ellos creen. Sin

esta comprensión ustedes no van a poder responder a lo que ellos dicen.

Lo que he aprendido por haber escuchado, por ejemplo, es que la mayoría de los fundamentalistas se unieron a su Iglesia porque encontraron fe y compañerismo allí — y no necesariamente porque ellos no estaban de acuerdo con las enseñanzas católicas. Si este es el caso, entonces no vale la pena hablar de las doctrinas de la Iglesia, ya que ésta no es la razón por la cual ellos se quedan en sus Iglesias. Quizás si nuestras comunidades católicas fueran un poco más animadas, tantas personas no se unirían al fundamentalismo.

3. **Admitan sus propios defectos.** Si les hacen una pregunta y ustedes no saben la respuesta, entonces admitan que no la saben. Muchas veces podemos sentirnos inadecuados si no conocemos la Biblia tan bien como la conocen los fundamentalistas. Simplemente digan: "Lo que dices no me luce correcto, pero no sé dónde encontrar la respuesta correcta en la Biblia o en las enseñanzas de la Iglesia. Dame un poco de tiempo para encontrarla y entonces volveremos a hablar de esto". ¡Ustedes no tienen que ser unos expertos en toda clase de materias! El fundamentalismo nos reta a aprender más acerca de nuestra fe católica — y eso es bueno.

Nuestros familiares fundamentalistas puede que también nos reten a volver a examinar nuestra relación con Dios. Después de todo, parece que ellos tienen una relación muy especial con Jesús y los católicos a menudo se sienten amenazados por esto. Si nuestra fe es débil, puede que nos vayamos a la defensiva o que pensemos que sólo son "fanáticos de Jesús". ¡No tan rápido, amigos católicos! No se puede negar que nuestros familiares fundamentalistas puede que hayan aumentado su relación personal con Jesús — una relación que no desarrollaron en la Iglesia católica. Si su fe personal es débil y no están seguros de cuál es su relación con Dios, entonces admítanlo. Pero no tienen que rechazar la Iglesia católica para mejorar su relación con Dios. Hasta aquí es que llegamos con nuestros familiares fundamentalistas. Comprométanse a orar y a leer las Escrituras, únanse a un grupo de oración, vayan a un retiro: hay muchas maneras de profundizar la fe *en* la Iglesia católica.

4. **Acuerden no siempre estar de acuerdo.** Este paso demuestra mucha madurez cuando se trata de mantener una relación. El acordar que no siempre van a estar de acuerdo significa que nos bajamos de nuestros pedestales de perfección y renunciamos a siempre tener razón. También significa que evitamos discutir ciertos asuntos que llevan a la discusión y a la mala voluntad. Así que *ustedes* den el primer paso: cuando es obvio que una discusión no conduce a ningún lado, propónganles a sus familiares fundamentalistas el acordar que no siempre van a estar de acuerdo. Y *ustedes* tienen que poner de su parte para cumplir el trato. Si los fundamentalistas tratan de discutir un tema que han acordado no discutir, recuérdenles que han hecho un trato. De seguro que esto no significa que ustedes están comprometiendo sus creencias o que están de acuerdo con los fundamentalistas. Simplemente significa que están escogiendo esa relación con ellos en vez de escoger la infalibilidad.